社長の「心構え」と「仕組み」づくりの本

変革を成果へとつなげる

中村正則 著

セルバ出版

はじめに

皆さん、はじめまして。中村正則と申します。

私は、現在、建設業界に特化したコンサルタントとして、営業支援を軸としながら、経営者の「心構え」＝ビジョンづくり、Ｗｅｂ（デジタルツール）を活用した顧客開拓、社内の「人財」が共に育つ仕組みづくり、それらをもとにファンを形成し成果へとつなげていくこと—言い換えれば、すべての人がきらりと輝く人生を送ること、そのためのお手伝いをしています。

そんな想いから、会社の名前も「きらりソリューションズ株式会社」と命名しました。

最初の大きな人生の挫折

私は、かつて教師になるという目標がありました。

きっかけは、高校のバスケ部での素晴らしい指導者との出会いです。

人としてどうあるべきか、バスケットボールを通じて、人生を生きていく上での心構えまで、しっかりと教えていただいたように思います。２年間書き続けた練習日記は、今でも私の宝物です。辛いとき、苦しいとき、迷ったときは、何度も繰り返しその日記を読んで奮起してきました。

こんな私に、愛情一杯に多くを与えてくれたことを、今度は私が後輩たちに返していく番。その想いが、私を教師という仕事に駆り立てました。

生まれつき勉強だけは胸を張って苦手だったといえる私が必死に勉強し、何とか大学へ入学し、無事に教員免許も取得しました。

しかしながら、すべては、私の努力不足で、教職につくことができませんでした。簡単に教師の道を諦めた自分への自己嫌悪で、ひどく落ち込んだことを今もはっきりと覚えています。

それまでにも（今も）たくさん挫折はあったはずですが、最初の大きな人生の挫折でした。

何もかもがうまくいかない

それでも、何とか気を取り直して就職活動に切り替えました。

そして、縁あって、大手百貨店に採用していただきました。

とはいえ、そのときの私に教師以上にやりたいことがあったわけではなく、とにかく一部上場の大手に就職して出世することこそが幸せになる道であると、自分に言い聞かせていました。

新入社員研修が終わり、人事部の方へ希望部署を伝えるのですが、第一希望から第三希望まで全て食品部と伝えました。

「中村君は変わっているね。そんな人、初めてだよ。皆紳士服や外商を希望するのに、なぜ、食品部に行きたいの？」

そう訊かれたとき、とっさに「食に興味がありまして」と心にもないことを言いました。本当の理由は、食品売場が出世の近道だと先輩に教えられたからです。

入社後は、幸いにも高い評価をしていただき、食品部の中でも花形の企画開発課に抜擢され、人事の教育担当として後輩を教育する役割も与えていただきました。さらには、バスケットボールも続けることができ、何とも申し分のない環境のようにも思えました。

しかし、私の中で「何かが違う」という思いが次第に強くなっていきました。

周囲を見渡すと、上司は皆ため息をつきながら仕事をしています。

自分が心から尊敬できるような先輩は、少なくとも身近には見つけることができませんでした。

誰かの喜びに貢献する気持ちを失いかけ、所在していることだけに喜びを見出している。そんな自分にもだんだんと嫌気がさしてきました。

そして私は、入社してたった2年半で会社を辞める決意をしました。多くの方々から、「なぜ」と声をかけていただきました。時代もよく、周りからは順風満帆に見えていたのかもしれません。

今にして思えば若気の至りなのですが、その決断がまた大きな転機となりました。

自分の可能性を試したくて、フルコミッション（完全歩合制）の営業の世界に飛び込み、自分が頑張った分だけ自分の利益になる。つまりは、お金を軸に人生を設計しようとしていたわけです。

もちろん、そんな気持ちで物事がうまくいくはずはありません。

百貨店時代は、取引先の方々が私ではなく会社の看板に頭を下げてくれていたことに、今更ながら気づくことになりました。何もかもがうまくいかず、当時住んでいたアパートの家賃も払えなくなり、電気もガスも水道も止められる始末でした。

すべてがうまくいかなかった理由に気づく

そんな頃に、私に声をかけてくれた方がいます。同じビジネスで大きな成功をおさめている方が声をかけてくれ、すべてがうまくいかない理由に気づかせてくれたのです。

「売る」ことばかりに意識を向けている（確かに、人がお金に見えていました）。

それこそが、私がうまくいかない最大の理由でした。大切なのは、「売る」ことではなく、自分がどのように「ある」のか、どのように「生きる」のかということ。

その頃の私には、自らの「あり方」「生き方」という大事な1本が抜けていたのだと思います。

「幸」と「辛」の意味には、天と地ほどの違いがありますが、文字をよく見てみると、たった1本あるかないかの差だけだったのです。

物の売買いだけでなく、どんなビジネスの根底にも人がいます。人と人とのあり方によって、ビジネスがうまくいくかどうかが決まっていきます。今、ビジネスがうまくいかないと悩んでいる経営者の方は、「あり方」「生き方」を変えることで、物事はよい方向へと進んでいくものです。

私が経験から得たことが、多くの経営者に少しでもヒントになればと思い、本書の執筆を決意しました。どうぞ最後までお付合いください。そして、これからのあなたが、あなたの周りの方々がきらりと輝くヒントを、1つでも多く見つけていただけたら嬉しいです。
あなたらしく、あなただけの「き・ら・り」のお手伝いができたならば、これに勝る喜びはありません。

中村　正則

2021年11月

社長の「心構え」と「仕組み」づくりの本――変革を成果へとつなげる4つのヒント　目次

はじめに

第1章　「不易流行」＝変わらずあるために、変わる

1　「風の時代」がもたらす変化・12
2　変わってはいけない、あなたの大切な「心構え」・19
3　変わっていくべき、強みを発揮するための「仕組み」・25
4　まずは社長が変わることで、成果へとつなげていく・31

第2章　「心構え」をもとに「ビジョン」をつくる！

1　仕事がうまくいかないのはすべて社長のせいである・41
2　仕事がうまくいかないのはビジョンがないからである・46
3　ビジョンをつくることができるのは社長だけである・52
4　ビジョンづくりのためにまずは社長が変わる！・58

第3章 「仕組み」① 「Ｗｅｂ」を最大限に活用する！

1 デジタルはもはや必須の時代である・69
2 「飛込み」から「呼込み」へ・75
3 「見込客」を確実に「顧客」へと変えていく・80
4 Ｗｅｂは「生き物」。ビジョンをもとに育てていくことが大切・86

第4章 「仕組み」② 「見える化」で「人財」を「共育」する！

1 顧客は「価値」に対してお金を支払っている・97
2 企業としての価値を生むのは「人財」である・102
3 社長が「教える」のではない。「共に育つ」意識が重要・108
4 ビジョンを「見える化」し「いつでもどこでも誰でも」を実現する・114

第5章 「仕組み」③ 「ファン化」によって成果へとつなげる！

1 最高の営業ツールは「紹介」である・127

2 紹介してくれる顧客＝「ファン」を形成していく・132
3 ファンはビジョンへの「共感」によって生まれる・139
4 「Ｗｅｂ」と「人財」をフル活用し、「ファン」をしっかりと組織していく・145

第6章 「心構え」と「仕組み」できらりと輝こう！

1 成功した企業のケーススタディ／株式会社尾鍋組の取組み・154
2 「個」が自信を持って輝ける時代・161
3 社員の「個」を大切にし、全員が輝ける会社＝未来を目指す・165
4 あなたの輝きによってさらに多くの人を輝かせる・169
5 だからこそ、きらりと輝くビジョンをつくろう！・173

おわりに

第1章　「不易流行」＝変わらずあるために、変わる

1 「風の時代」がもたらす変化

200年ぶりに訪れた時代の大きな変化

2020年12月22日、西洋占星術の世界では200年ぶりに時代の変化が訪れました。

それまで続いてきた「地の時代」から、新たな「風の時代」への移り変わりです。メディアでも多く取り上げられていたので、ご存知の方も多いのではないでしょうか。

西洋占星術とは縁のない私ですが、たまたま訪れていた屋久島で出会った、ある精神科医の方が非常に詳しく、時代の変化についていろいろと教えてくれました。

物質から精神へ。所有から共有へ。縦社会から横社会へ。

キーワードは、「心の喜び」「情報」「個」「調和」。金銭や地位など外面を飾るものから、私たちの内面のほうが重視されるようになっていきます。その結果、1人ひとりの「あり方」や「生き方」が問われることになります。

何を持っているかではなく、どのように生きているか。

そのような考え方が、今よりもずっと強くなっていくということです。

その話を聞いた頃、私は、これからの仕事の方向性に少なからず迷うところがありました。

コロナ禍でもあり、悶々とした日々を過ごしていました。

そんな私に、先ほどの精神科医の方がこんなことをいってくれました。

「時代が大きく動いているときはチャンスなんですよ。中村さんが変わればよいだけですからね」。

その言葉を聞いたとき、ハッと我に返ったような気持ちになりました。

これまでの方向性で続けていって本当によいのか自問自答しはじめていたところ、まさに自分が大切にしている価値観こそが「風の時代」のキーワードであることに気づいたからです。

すべては自分の想いにかかっている

〝これまでの方向性でよい〟のではない。

私自身が、さらにもっと先へと進んでいかなければならない。言い換えれば、今よりもずっと、関わる方々をきらりと輝かせなければならない。

そんな想いが心の底から湧き上がって来るのを感じました。

悶々としていた気持ちが、晴れ晴れとした瞬間でした。出会いは必然。必要なときに必要な人と出会う。そんなことをあらためて思わせる屋久島での出会いにご縁を感じます。

人とのつながりが変われば、その人にも変化が訪れます。よい変化もあれば、当然のことながら悪い変化もあります。よい変化をさらによくしていくのも、悪い変化を押しとどめるのも、すべて本人の想いにかかっています。

私は、迷う自分とお別れし、まずは自分が変わるという選択をしました。

自分が〝き・ら・り〟としていなければ、誰かの〝き・ら・り〟をお手伝いなどできるはずがない。

そんな気持ちも私を強く後押ししてくれました。

建設業界を取り巻く現状の厳しさ

私が長く関わっている建設業界に目を向けてみると、多くの社長が悩みや迷いを抱えています。

東京オリンピック・パラリンピックの特需は終り、昨年からのコロナ禍によって売上は大幅にダウンし、これからどうやって仕事を続けていけばいいのかがわからなくなっている。

社長とそんな話をする機会が本当に増えてきました。

毎日、額に汗しながら体を張って働き続ける。

毎日、努力と気合と根性で苦しい現場も乗り越えていく。

営業自体をどうすればよいのか。マネジメントの方法に悩み、社員教育にお金と時間をかけるも思ったとおりには育たず。最後は「気合と根性論」に陥ってしまう。そんな働き方で何とかここまでやってきたが、今のままでは……と悩んでいる社長は非常に多いのが現状です。

気合と根性だけでは、成り立っていかない時代であるということ。

そんな、これまでのやり方では通用しなくなりつつあるのが現在の状況だと言わざるを得ません。

多くの社長がそのことに気づいています。しかし、実際にどうしたらよいのかまではわからない。

だからこそ悩みや迷いが日々深くなっていくのです。

言葉を選ばずに言うならば、建設業界を取り巻く現状はかなり深刻です。

先ほどのような働き方を続けていては、やがて時代の変化から完全に取り残されてしまいます。精神論が大切であることに変わりはありませんが、精神論だけでは克服できないカベがいくつも大きく立ちはだかってきているのです。そのようなカベに、努力と気合と根性で立ち向かっても、激しくはね返されてしまうというのが現実です。

だからといって、カベを乗り越える方法がないわけではありません。

正しい道を進んでいけば、厳しい時代にあっても、望んだ未来をきっと実現することができます。本書はそのためにあるとお考えください。

「不易流行」＝変わらずあるために、変わる

そのためには、まず、社長自らが変わることです。

私が、尊敬する経営者の方から教えていただいた「不易流行（ふえきりゅうこう）」という言葉。この言葉には、「決して変わることのない本質を守っていくためには、絶えず新たな変化を求めて取り入れていく必要がある」との意味があります。変わらずあるためには、積極的に変わるという選択が何よりも重要だということです。

松尾芭蕉が、自らの俳句にこの理念を取り入れていたことでも有名です。

ただ精神論だけに頼って、これまでの仕事の進め方や、努力・気合・根性による「営業手法」を

押しつけるのではなく、本書がお伝えする変革を実現するための4つのステップを理解すること、会社を変えるためには自分から変わる必要があるのだという事実を腹落ちさせることが先決です。

今のあなたに必要なのは、この理解なのだとお考えください。

「不易流行」の第1歩は、社長としての「心構え」をもとにビジョンを更新することです。あなたの「心構え」を時代に適応した形に表現し直すこと＝ビジョンを更新することによって、そのあとに続く3つのステップへとつなげていくのです。

ビジョンが示すのは、あなたの会社だけが持っている独自の強みに他なりません。

何のために会社があるのか。どんな人を幸せにしたいのか。それらを徹底的に考え抜くことで、自社の強みが見えてくるはずです。

ビジョンづくりに続く3つのステップ

ビジョンを更新したあとは、3つのステップで仕組みを構築していきます。

まずは、情報化社会への対応として、Ｗｅｂを最大限に活用します。そして、更新したビジョンをすべての社員、社員の家族、パートナー企業、株主にも明示し＝「見える化」し、人財共育を徹底します。

これらの取組みによって、顧客にビジョンがしっかりと伝わり、そこに共感が生まれます。

ビジョンに共感した顧客が、ファンとなって大きな成果をもたらす原動力となります。

このサイクルを構築することが何よりも重要なのです。

社長自らが変わることによって、流した汗の尊さに加えて、ビジョンへの共感という新たな力が備わり、あなたの会社は変革への道を進んでいくことになります。大切な会社を守るためにこそ、あなた自身が変わっていく必要があるのです。

４つのステップを実現するためのヒント

本書を通じて私がお伝えしたいのは、４つのステップを実現するためのヒントです。

ですが、それよりも重要なのは、「個」や「あり方・生き方」に重きを置く「風の時代」になり、どんなに小さな会社や組織であっても、独自の強み＝大切なビジョンをもとにきらりと輝くことのできる時代がやってきた。その事実をしっかりとお伝えすることです。

変わろうという意志さえあれば、どんな人でも必ず変わることができます。

激しい時代の変化の中で悩みや迷いの重さに押しつぶされそうになっている。そんなあなたの心に寄り添うことが、本書を執筆する一番の動機なのです。

ときには、耳が痛いこともお伝えするかもしれません。

ですが、どうか最後までお付合いください。

本書を読み終えたとき、あなたに不思議と笑顔が戻っている。そのことを願いながら、最後までしっかりと私の想いを届けさせてください。

【図表1 「不易流行」が意味するもの】

不易流行

不易：変わらないもの。変えてはいけないもの

⇒あなたの「心構え」、ビジョン

流行：変わっていくもの。変えていくべきもの

⇒ビジョンを実現するための「仕組み」

2　変わってはいけない、あなたの大切な「心構え」

「変える」と「更新する」の違い

前項では、あえて「心構え」を「更新する」と書きました。

「社長が変わらなければならない」と言いながら、それを「変える」と表現しなかったことには、もちろん私なりの理由があります。少しややこしい話になるかもしれませんが、大事なことなのでしっかりとお伝えしたいと思います。

ここまで会社を育て、守ってきたあなたは、すでに優れた経営者です。

おだてるつもりもご機嫌を取るつもりもありませんが、それは確かな事実です。

あなたには、あなただけの強みがあり、その強みを最大限に発揮することで、これまでいくつもの困難を克服してきたのです。あなたの持つ「個」としての強みがあったからこそ、会社はここまで続いてきた。そのことには、どうか自信を持っていただきたいと思っています。

あなたの強みは、「心構え」という形で表れており、それを変えてしまうということは、これまで積み上げてきた武器を手放すのと同じです。

だから私は、「変える」という言葉を使いませんでした。

とはいえ、時代は確実に変化しています。

あなた自身は変わっていないとしても、あなたの周りで働く人たち、その人たちの年齢や考え、広く価値観と呼ばれるものは、大きく変わっています。また、ＩＴをはじめとするテクノロジーの発達も、時代の変化を象徴するものといえます。

このような変化の時代において、同じ強みを、同じように発揮し続けることができるのか。

例えば、今まで電話で伝えていたことをメールで伝えるようになる。メールも次第にすたれて、今ではＬＩＮＥなどのアプリで情報交換を行う。テレビを見る人が少なくなり、ネットＴＶ・YouTube 等が大きく注目される。あるいは、ビジネスの宣伝にも動画がどんどん進出してきている。

こうした事実を前にして、いつまでも同じやり方で本当によいのか。

私の考えは、明らかにＮＯです。

これからの時代を生き抜くためには、「心構え」の伝え方・見せ方を変えていく。内容ではなく、相手に届く形に更新していく。その必要があることは間違いありません。

「鬼軍曹」だった過去

ここから少し、私自身の恥ずかしい過去について告白します。

今だと少なからず危ない話もあるかもしれませんが、どうぞご容赦ください。

フルコミッション営業の仕事のあと、私は、ご縁があって建設業のベンチャー企業に勤めました。

私の友人が、社長と２人で起業した当時はまだ小さな会社でした。

大手企業を2年半で飛び出し、自分の可能性を試したくてフルコミッションの世界で7年間。ある意味、個を磨いていただき、今度は上場を通過点の1つに、ビジョナリーなベンチャー企業へ勤めることになります。創業精神に強く共鳴したこと、新たな無限なる可能性と自分の存在価値を大いに生かせるフィールドと直感して、転身を決意しました。

フルコミッション時代に身につけた気合と根性をフルに発揮して、入社2年目には営業の責任者、3年目には取締役営業本部長となりました。

そして、創業して9年、私が入社してから5年で上場していきました。熱く心震える瞬間に、私も一員として関わらせていただけたことにとても感謝しています。そんなご縁ときっかけを与えてくれた友人に感謝いたします。この場を借りてありがとうございました。

最終的には、取締役事業本部長という役割を担わせていただきました。

言い換えれば、私は、多くの部下を持つようになったということです。実際に部下を持った経験のある方にはご理解いただけると思いますが、とてもかわいい存在です。何とかして成長してもらい営業でも成功をおさめてほしい。そんなことを強く思っていました。

それでも、人が違えば誰でも私と同じことができるわけもありません。

しかし、当時の私は、そのことに気づかず、「どうして売れないのか」「どうして自分の想いが届かないのか」、想いが強ければ強いほど怒鳴ってしまう。

上場を目指していたので、採用もどんどんしていきました。

新たな人財が入社するたびに怒鳴る回数も増えていきました。

すべては精神論、怒鳴るだけの毎日。

「どうだった？」という質問に対して、「何がですか？」の応答に、「営業は売れたかどうか以外に答えはないだろう」。

そんな恫喝にも似た指導？　を繰り返していました。部下の成績が伸びないのは、自分の脅かし方が足りないからだと、本気でそんな勘違いをしていました。

その先に私がしたことは、「ピー」の音で消させていただきます。

「売れる」と「売らせる」は全く異なる

あなたは、すでにお気づきかもしれませんが、私自身が自分の能力やスキルを最大限に活用して個人の成績として「売れる」ということと、私のチームに所属する部下全員に、それぞれ最大限に「売らせる」こととは、明らかに異なっています。

スポーツの世界でも、名選手が名監督になれるわけではないのと同じことなのです。

しかし、当時の私には、その違いが全くわかっていませんでした。

怒鳴れば怒鳴るほど、たくさんの社員が辞めていきます。そして、新しい社員が入れば、それまで以上に怒鳴る回数が増えていきます。しかし、この悪循環を自分の力で断ち切ることはできませんでした。

私が何とかこうした負のスパイラルから抜け出せたのは、仕事を論理的に考えるきっかけを社長がくれたからです。それがなければ、私は変わることができなかったかもしれません。

論理的に考えるということは、営業という仕事を1つのプロセスとして捉えることをいいます。気合や根性ではなく、1つの「仕組み」として考えるということです。

数字が伸びない理由について、感覚値や思込みではなく事実をつかむこと。その事実をもとに分析し、コアな課題を抽出し、解決策を策定する。ＫＰＩ（重要業績評価指標）を設定し、達成すべき数値目標を誰にもわかる形に示し、タスク化して行動に落とし込む。それによってやるべきことやらないこととを見極めていく。

そして、何より大切なのが、人財共育です。会社にとって人とは財産であり、共に育つ仲間である。そのように意識してから、私の周りの空気が大きく変わっていきました。

仕組み化営業を実践する中で、営業マンの人数は変わらずに、売上は4倍にまで増えていきました。それと同時に、社員の定着率も非常に高まっていきました。私は、第一線の営業現場からは退き、仕組みづくり、人財共育（特に営業マンの育成）、マーケティング、ビジョンの更なる浸透へと時間を使っていきました。

極論ですが、最終的には、私が何もしなくてもしっかりと仕組みの中で回っていく。そして次なる新たなミッションへチャレンジしていきました。

それこそが最高のマネジメントであると理解した瞬間です。

これからの時代に必要な「心構え」とは

私のような「鬼軍曹」でも、ヒントをもらって学び・考え・実行し（知行合一）、言い換えれば、「心構え」を更新したことで、成果の最大化につなげることができたと思います。

あなたが今、悩みを抱えているとしたなら、その原因は、もしかしたら変わることへの漠然とした不安にあるのかもしれません。精神論や気合や根性から今も抜け出せないのは、それ以外の方法を試してみた経験がないからなのかもしれません。

だとすれば、発想を思いっきり切り替えていきましょう。

まずは、あなた自身が笑顔を取り戻すこと。そうすることで、あなたの会社の社員に笑顔があふれ、それは必ずお客様にも伝わっていきます。多くの笑顔が集まれば、それまでにはなかったパワーがみなぎり、仕事の成果にもつながっていくと私は信じています。

仏教の教えの1つに「和顔施（わがんせ）」という教えがあります。笑顔で世の中に施しなさいという教えです。社長が眉間にしわを寄せていたら、暗い顔をしていたら、社員さんはどう感じるでしょう。どんなときも笑顔で、演技でもいいから笑顔でいましょう（自分にも言い聞かせていますが……）。

自分が笑顔ではないのに、誰かを笑顔（喜ばす）にすることなどできない。まずは、自分から笑顔で施していきましょう。きっと社内の空気感がよい方向に変わっていくはずです。

たくさんの笑顔があふれる会社に変えていきましょう。

すべての源は自分です。まずは社長であるあなたから。

これからの時代に必要な「心構え」とは、あなたも社員もお客様も、全員が幸せを実感できる、そんなビジネスを実現するものでなければなりません。具体的な方法はこれから紹介していきますが、大切なのは、全員がきらりと輝く会社でありたいと示すこと。

その想いとあなたの「個」としての強みとを、しっかりと結びつけていくのです。

3　変わっていくべき、強みを発揮するための「仕組み」

「心構え」を更新する＝新たな「仕組み」にのせていく

あなた自身の強みを変えることなく、決して損なうことなく、違う姿に置き換えていく。

そのことを、前項では〝「心構え」を更新する〟と表現しました。更新の方向性とは、あなた自身が笑顔を取り戻すこと、社員全員が笑顔になれること、その結果として、多くの顧客に強みが届き、あなたの会社の成果につながっていく、そのサイクルをつくる点にありました。

営業とは、商品を売り込むことではなく、顧客が求める価値を提供することである。

自社の商品やサービスが顧客の求める価値に合っていなければ、いったん潔く撤退する。私は、自分の営業のスタンスをそんな風に言葉に表していますが、このスタンスを怒鳴り声にのせて部下に届けるのか、それとも誰もがポジティブに受け止められる仕方で表していくのか。

両者の間には、雲泥の差があります。

とはいえ、私の言葉は、まだまだ抽象的です。

「誰もがポジティブに受け止められる仕方」といっても、それが実際にはどのようなものなのか、見てみるまではわからないというのが正直なところでしょう。

前項で少しだけ「仕組み」というお話をしました。

実は、この「仕組み」こそが、ビジョンの更新にとってとても重要だと考えています。本書では、「心構え」と「ビジョン」という2つの言葉が登場しますが、あなたが大切にしている価値観等を「心構え」、それを明確な形に表したものが「ビジョン」という位置づけになります。

どんなに素晴らしい「心構え」を持っていたとしても、それをどんなに素晴らしいビジョンへと落とし込んだとしても、それらが強みとして発揮されなければ、仕事の成果にはつながりません。

あなただけの強みを現実のビジネスに活かす上で必要なもの、それが「仕組み」です。

あなたの想いと、それを実現する方法が、どちらもわかる形になっている。

「わかる形」が理想的な「ビジョン」、その基礎にある想いは「心構え」、それを実現する方法は「仕組み」、そんな風にそれぞれの関係を理解してください。

「仕組み」は常に変わっていくべき

繰返しになりますが、「心構え」＝目的は更新しても変えてはいけません。

あなたがここまで大切に育んできた成果のための本質は、時代が変化したからといって簡単には変わるものでもありません。

しかし、「仕組み」＝手段は、時代や状況に合わせて変化すべきです。

テレワークなど想像もつかなかった時代には、足で稼ぐ営業手法が中心でした。

それを今のこの時代に展開したらどんなことが起こるでしょう？

足を棒にして訪ねてくれたあなたに、「ありがとう」を言ってくれる人も確かにいるでしょう。

それでも、今や電話をかけるにも事前にメールなどでことわりを入れる時代です。

「本日の午後2時頃にお電話を差し上げたいのですが、ご都合いかがでしょうか？」

初めは違和感ばかりでしたが、今では当たり前のようにこうしたフレーズを使っています。

あるいは、アポイントを取った上で説明に行くのではなく、説明した上でさらに関心がある場合にだけアポイントを取る、それが最近の営業の仕方の1つのようにも感じています。

あなたはこのような変化を、しっかりと実感することができていますか？

多くの変化を前にして、今までの気合と根性の営業スタイルのみで戦っていきますか？　気合や根性などの精神論だけで、これからも社員を引っ張っていけると思い続けていませんか？　すでにお気づきのとおり、どちらの場合も答えはＮＧですね。

比べるのは失礼であることを重々承知の上で申し上げますが、それは毎日怒鳴り続けていた、かつての私と同じです。社員の想いは、あなたからどんどん離れていきます。その分だけ、数字はどんどん下がっていきます。

さらにおそろしいことに、ネガティブな空気は間違いなくお客様にも伝染し、多くの取引先が離れていくことにもなります。

だからこそ、「心構え」をもとに、「ビジョン」を更新することがとても大切です。

勇気を持って、社長であるあなた自身が変化を受け容れていく必要があるのです。

「仕組み」といっても難しく考える必要はない

多くの社長と話していて実際に感じることなのですが、「仕組み」という言葉から、何だかとても大がかりな改革が必要になるという連想をする人が少なくありません。

商品やサービスのあり方を根本的に見直す。その上でターゲットをしっかりと絞り込む。そのターゲットに選んでもらえるための「強み」を明確化し、ターゲットごとに最適な手法でアプローチしていく。

確かに、1つのやり方を続けてきた時間が長ければ長いほど、変えるということそのものに抵抗を覚えてしまう場合もあるでしょう。その抵抗感が強ければ、「仕組み」の変化をとてつもない改革のように判断してしまうという状況も理解することができます。

それでも、この場を借りて断言しますが、難しく考える必要はありません。第2章以降で詳しく見ていく内容を、しっかりと実行に移していくだけで十分です。

何より、小難しい話は私自身が誰よりも苦手です。

シンプルでわかりやすいこと。それを一番に考えていますので、どうぞご安心ください。

「仕組み」を変えるには3つのステップが必要

先ほどもお伝えしたように、「仕組み」を変えるには3つのステップが必要です。

まず、テクノロジーの変化に対応して、Ｗｅｂ（デジタルツール）を最大限に活用していきます。これが最初に行う「仕組み」の変化です。かつては、広告といえばチラシ。資金があれば、新聞やテレビが定番でしたが、インターネットの時代にはそれにふさわしい広告の仕方があります。

この点については、第2章で詳しく見ていくことにします。

次に、あなたの「ビジョン」の大切な実行部隊である社員＝人財の共育を変えていきます。具体的には、怒鳴って、怒鳴って、怒鳴り倒して成長を待つやり方から、何をすべきなのかを、誰の目にもわかりやすい形に落とし込んでいくという作業を行っていきます。この作業のことを、本書では「見える化」と呼んでいます。

人財共育については、第3章のテーマとなっていますので、楽しみにしていてください。

Ｗｅｂ活用と人財共育が結びつくことによって、多くのファンが形成されます。

このステップのことを、本書では「ファン化」と呼んでいます。あなたの「ビジョン」を伝えるＷｅｂと、それをしっかり実現していく社員＝人財によって多くの顧客に共感が生まれ、ファンが生まれることになります。このステップについては、第4章で詳しくお伝えしていきます。

【図表２　「心構え」―ビジョンと３つの仕組みの関係】

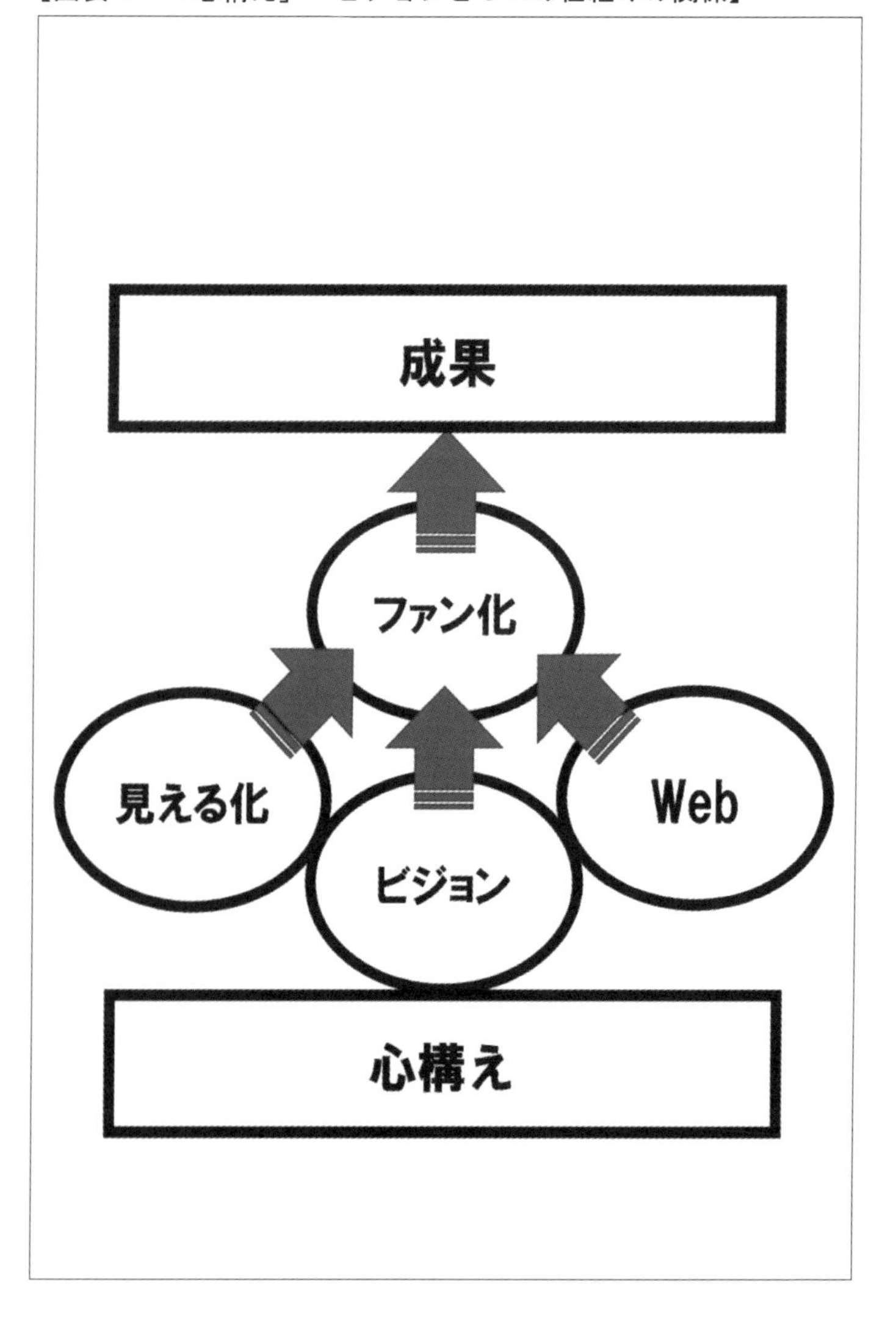

大切なのは３つのステップをしっかりと実行に移すこと

あなたがやるべきことは、今お伝えした３つのステップを確実に実行することです。

あなたが変わるということ、あなたの「心構え」を更新するということは、何もあなた自身の全人格を変えるということなどではなく、これら３つのステップと「心構え」を結びつけることで「ビジョン」をつくっていく。それだけのことなのです。

もちろん、「それだけ」といっても、何もないところから答えが見つかるわけではありません。

あなたがこれからやるべきことのヒントは、今から本書がお伝えする内容の中に、しっかりと含まれています。それらのヒントを十分理解することによって、ビジョンづくりは本当の意味で、「それだけ」に近づいていくというわけです。

どうして社長自らが変わっていく必要があるのか。どうして「仕組み」を変えていくべきなのか。その理由について、次項でさらに詳しく見ていくことにします。

4　まずは社長が変わることで、成果へとつなげていく

社長が変わることによって起きる変化

一言で言ってしまうと、社長が変われば成果につながる。それが最大の変化です。

とはいえ、なぜ社長が変わることによって成果へとつながっていくのか。変化の流れが具体的に

わからなければ、納得感は生まれないでしょう。

ここでは成果につながる理由を、大きく2つの観点から見ていくことにします。

心理的な観点から

まず1つ目は、心理的な観点からです。

心理学の研究などによって明らかになっていることですが、人はポジティブな気分のときほど、高いパフォーマンスを発揮することができます。誰かにほめられるなど、よい出来事があった日は不思議と仕事がはかどる。他方、好きな人とケンカをした翌日はどうやってもやる気が出ない。あなたにもきっと、似た経験があるはずです。

あなたが、今の悩みから解放され、笑顔を取り戻すことができれば、社員の気持ちは間違いなくポジティブな方向に変化していきます。その分だけ、アウトプットの質が高まります。会社として高い成果を発揮できるようになるということです。

物理的な観点から

次に、物理的な観点から見ていくことにしましょう。

前項で確認した3つのステップ＝「Ｗｅｂ活用」、「見える化」、「ファン化」の中で、社員にとって最も重要なのは、「見える化」だということができます。

怒鳴りつける。ただ「頑張れ」とだけ口にする。しかし、どう頑張るかは教えない。

そんな精神論の世界からは抜け出して、実際どう頑張ればよいのかをマニュアルやＫＰＩなどの指標を用いて、誰にでもわかる形に示すことを「見える化」といいますが、それによって社員は、今の自分に期待されていること、次にやるべきことを具体的に理解することができます。

こうした理解があれば、社員は具体的に行動することができて、安心して仕事に専念することができます。

最近では、「心理的安全性」＝社員がその組織で「安心して働ける」という気持ちになれることが非常に重要だと言われていますが、社長や上司がいつも怒鳴っているだけの組織では、ほとんどの社員が安心して働けないのも当然です。

あなたが「仕組み」を変えることによって、安心できる組織に変化させていきましょう。

「仏像つくって魂入れず」とはよく言うけれど

形だけを整えて、本当は一番大切なはずの想いをそこに込めないこと。それを「仏像つくって魂入れず」「絵に描いた餅」と表現します。確かに、大きな企業では、この種の問題がよく起こっていて、組織としての成果を大きく損なっています。

しかし、今のあなたの課題は、これとは全く逆のはずです。

どんな仏像だってありがたく思うような「魂」はしっかり持っているのに、それを入れる肝心の仏像がどこにも見当たらない。自分で仏像を彫ろうと思えば思うほど、具体的な「仕組み」よりも精神論のほうに近づいていってしまう。さて、どうしたものか。

そんなあなたの表情は、柔和な仏像のそれとは全く逆になっているかもしれません。

それでは確実に、社員の心はあなたから離れていってしまいます。

確かな「仕組み」をつくるということは、仏像をつくるのと同じです。

魂を込める器がなければ人々はそこに立派な魂があることをうまく理解できません。仏像という誰にでもわかる形があるからこそ、人々はしっかりと信仰心を維持することができるのです。

それは、あなたの会社にとっても同じことです。

社員全員が同じ目標に向かってしっかりと歩んでいくこと。それができれば、社員の心が1つになり、チーム一丸力（ONEチーム）が高まり、よりよい成果につながっていきます。成果が出ずに苦しんでいる背景には、社員の気持ちがうまく1つにまとまらないという実態があるはずです。

そしてその大きな原因は、「仕組み」がうまくできあがっていない点にあるといえます。

仕事の「成果」とは何か

さて、ここまで「成果」という言葉を当たり前のように使ってきました。

ですが、そもそも「成果」とはいったい何を指しているのでしょうか？　仮にスポーツであれば、試合に勝つことが成果といえるかもしれません。

それでも、大相撲では横綱に勝敗を超えた品格を求めています。ただ勝利を積み重ねるだけでは横綱として期待される成果を出したことにはならないわけです。

あるいは、「勝負に勝って試合に負ける」という言葉もよく言われます。実質的には、試合を支配していながら、たとえばケガがあって途中棄権の形になってしまったり、または審判のミスジャッジなどがあったりして、記録の上では負けになってしまう場合です。

このような言葉があるということからも、成果が単に勝敗を超えたところにあるという考え方が見えてきます。さらにいえば、不正な手段を使って勝つこと、ドーピングなどはその典型ですが、それも明らかに成果とは呼べないケースです。

これらの事実からわかることは、成果という言葉の意味には、選手や監督・コーチなど、それを目指して取り組む側だけでなく、勝負を見る側の視点も入っているという点です。見る側の目からも評価できる、納得できる、公正な勝負の結果としての勝利であること――そのときに初めて、成果という言葉を用いることができるのだと考えています。

会社が大切にすべき関係者の順番

そのような成果の考えを、ビジネスに持ち込むと何が言えるでしょうか。

いうまでもなく、会社にとって大切なのは、できるだけ多くの利益（ビジョンを達成するための重要な手段）を上げることです。

多くの利益を上げることができれば、社員にも満足な給料を支払うことができますし、さらなる設備投資にも資金を回すことができます。もちろん、株主にも配当を出すことができます。

とはいえ、やみくもに利益だけを追い求める姿勢が無条件で評価に値するかといえば、今の時代、そうともいえない部分もあると思います。

確かに、会社にとって利益はとても重要です。しかし、その一方で、会社の品格もまた、利益以上に重要であると考えます。

社員やお客様をはじめ、すべての関係者がそれぞれの立場において、幸せを感じながらきらりと輝いていること。そのために会社が大切にすべき順番を次のように考えます。

①社員とその家族、②パートナーとその家族、③顧客、④社会、⑤ステークスホルダー。

なぜこの順番なのか?

社員がやりがいを持って前向きに働くことができなければ、その家族が応援してくれなければ、関係するパートナー企業とその家族を喜ばせることができなければ、顧客をファン化することなど到底できないと考えているからです。

無論、この考え方には賛否両論あるかと思います。それでも顧客本位であるためには、この順番が大切なのだと考えています。

特にこれからは、④社会への貢献や社会的課題の解決こそが、企業に求められる重要な要素だといって差支えありません。自分さえ儲かっていればよいなどという発想は、これからの時代にはもう成り立たないのです。

社会への貢献や課題解決が実現できてはじめて、成果と呼べるのではないでしょうか。

「心構え」に基づくビジョン＋「仕組み」＝成果という公式

その意味での成果を求めていくことが、社長であるあなたの仕事です。

あなたの会社の社員が日々やりがいを感じて働くことができている。そして、働くことにいつも幸せを感じている。その幸せが商品やサービスにも込められ、お客様に確かな価値として届き、手にしたお客様もきらりと輝くことができる。

それこそが、あなたのつくるべき「ビジョン」なのではないでしょうか。

そのような「ビジョン」ができれば、利益は自然とそのあとを追いかけてきます。

あなたの中にある「ビジョン」「心構え」を、３つの「仕組み」と結びつけることによって、幸せや輝きと利益が同時に生まれてくるような状況をつくることができます。

それが本当の意味での成果であり、本書をお読みいただくあなたに目指してほしいゴールなのです。


先ほどもお伝えしたように、私は全くよい上司ではありませんでした。

それでも、多くのヒントをいただき、そこから学び、考え、試行錯誤することによって、何とかマネジメントの方法を変えることができました。そして成果へとつなげることができました。

こんな私でも変わることができたのです。あなたに変われない理由などあるはずがありません。

だから大丈夫です。何も心配することはありません。

これから変化への道を一緒に進んでいきましょう。

●第１章のまとめ●

□「風の時代」がもたらす変化

「個」がそれぞれにきらりと輝くことのできる時代。本当に輝けるかどうかはすべて社長自身の想いにかかっている。

□ 変わってはいけない、あなたの大切な「心構え」

どれだけ時代が変わっても、あなたが大切にしていることの本質＝「心構え」は、変えてはいけない。

□ 変わっていくべき、強みを発揮するための「仕組み」

しかし、あなたが持つ「強み」を発揮するための「仕組み」＝仕事の進め方は、変えていく必要がある。

□ まずは社長が変わることで、成果へとつなげていく

「強み」を確実に成果へとつなげていくためには、何よりあなたが前向きに変化し、周囲を明るくしていく必要がある。

第2章

「心構え」をもとに「ビジョン」をつくる！

【図表３　本章ではビジョンづくりについて理解します】

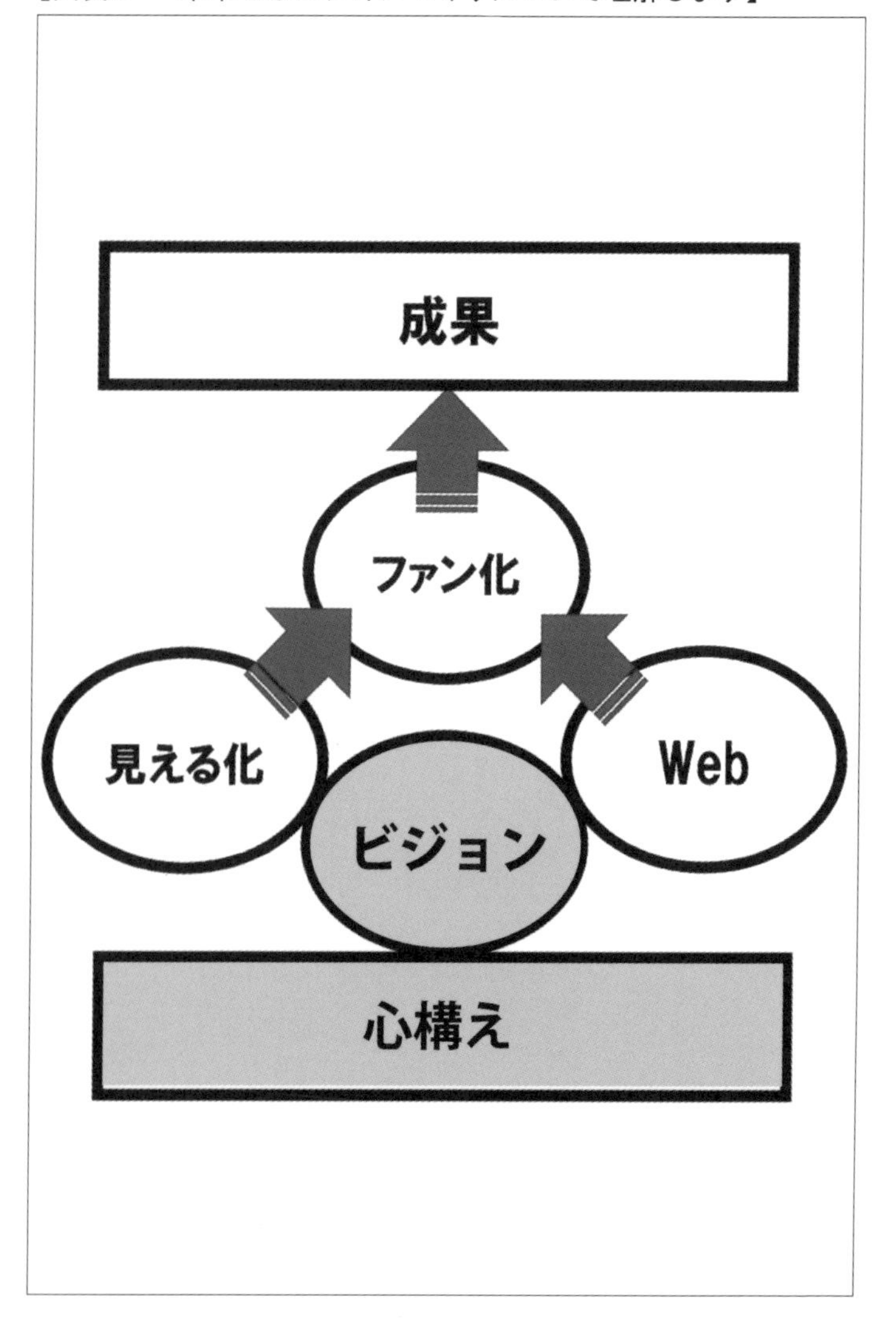

1　仕事がうまくいかないのはすべて社長のせいである

「他責思考」と「自責思考」

仕事に限らず、物事がうまくいかないとき、誰かのせいにしたくなるのはよくあることです。

私は、特にそうですが、人間とはとても弱い生き物ですので、「部下に根性がないから」であるとか、「部下がスキルを身につけていないから」などと、営業成績が伸びない理由を部下のせいにして、自分はちゃんと指示をしているのだからと、ひたすら自分を守ろうとします。

このように、うまくいかない理由を誰かのせいにしてしまうことを「他責思考」といいます。

もちろん、うまくいかないのは、本当に部下のせいかもしれませんし、あなたが抱えるストレスの大半は、思ったとおりに動いてくれない社員のせいかもしれません。

ですが、そう思ったからといって、問題が解決するかどうかはまた別の話です。

この点については、少しあとで見ていきますので、いったんはここまでとさせていただきます。

「他責思考」とは全く逆の考え方に、「自責思考」があります。

物事がうまくいかないのは、すべて自分に原因がある。道ばたの石につまずいたのは自分自身の不注意だし、他人が石を投げてきたのもそうさせる理由があるに違いない。

１つ目の考え方は理解できるとしても、２つ目のほうには首をかしげるのが一般的な考え方です。

しかし、何らかの理由によって、例えば幼い頃にいじめられた経験などによって、すべて自分のせいだと考えるようになってしまう人がいることは事実です。

これにも「他責思考」と同じ言葉が当てはまりますが、自分のせいだと結論づけたからといって、それで問題が解決するかといえば、そうではないというのが答えになります。

「他責思考」では何も変わらない

かつての私自身のように、「仕事で成果が上がらないのは、社員に気合と根性が足りないから」と考えている社長は、まだまだたくさんいると感じています。この傾向は、仕事のできる社長にとても強く見られます。パワフルに会社を成長させてきた社長ほどその傾向が強いと思われます。

どうして自分と同じようにできないのか。

どうしてこんな簡単なことができないのか。

どうして自分が言ったことさえもできないのか。

成果を出す「他責思考」に陥った社長の頭の中では、これらの疑問がぐるぐると渦を巻いているのです。

しかし、どれだけ考えたところで答えが見つかるわけもなく、考えれば考えるほど、ストレスが大きくなっていくという罠が待っています。

どうして答えが見つからないのか？　もしもあなたが同じ疑問を抱えているとしたら、そんな言葉をぶつけたくなるかもしれません。しかし、答えが見つからない理由は、とても簡単です。

社員は、あなたと同じ人間ではありません。ただそれだけのことです。

「他責思考」に陥る人には、大きな共通項があります。すべての社員があなたと同じようにできるはず。そんな自分中心の視点になっているという点に大きな特徴があります。何人もの社員がいれば、中には「1を指示されて10を理解する」人もいるかもしれません。

ですが、全員がそのように行動できる可能性は、限りなくゼロに近いといえます。

それは、社員のせいなどでは決してなく、人はそれぞれに違う以上、仕方のないことなのです。

あなたには、もっと短時間で課題をクリアしてほしいと考えています。

社員は、あなたのようには仕事ができませんし、逆に、あなたも社員のように仕事はできません。

それぞれの持ち場があるのです。ある意味それでよいのです。

あなたが頭の中で考えていることも、推測して読み取ることなどほとんどできません。したがって、あなたが「他責思考」でいる限り、会社はよくなることがなく、仕事の成果も出るはずがありません。

大切なのは、今すぐ「他責思考」を捨てることです。うまくいかない理由は、社員ではなく、あなた自身の側にあるということです。

しかし、「自責思考」ばかりでは社員が不安になる

だからといって、無条件に「自責思考」を進めるかといえば、それもまた違います。

例えば、ある年の業績が伸びない理由が、多過ぎる自然災害にあったとします。

もちろん、自然災害は誰の責任でもありませんし、事前に予測し備えておくことにも少なからず限界があります。あるいは、コロナ禍のようなパンデミックが起こってしまうと、社長だけの力で問題を解決することは非常に困難なものとなります。

それでも、すべてを「自責思考」で解決しようとする社長は、自分のせいだと思い悩みます。

十分な内部留保ができなかった。

台風シーズンまでにたくさんの仕事を得ておくべきだった。

自然に対する祈りが足りなかった。

最初の2つまでは何とか理解することができたとしても、最後の1つはとても難しいです。

それでも、悩み深き社長はこのような思考に陥ることも少なくありません。だからこそ、簡単に「自責思考」がよいとはいい切れないわけです。

何より、社長がそのようなスタンスでは、社員が不安になります。

十分な内部留保を残すために、給料やボーナスがカットされるかもしれない。

台風シーズンまでの時期、最悪なブラック企業のように仕事が忙しくなるかもしれない。

「おいおい、ウチの社長、とうとう神様に祈りはじめたぞ」。

そんな思いや声が会社の中に充満すると、誰の表情からも笑顔がなくなり、誰もがそれぞれにネガティブな気持ちに襲われることになります。

すでにお伝えしたように、ネガティブな気持ちが仕事にもマイナスの影響を与えます。

社長が悪い意味での「自責思考」を抱えてしまうことによって、会社の空気はどんどん悪くなり、それに伴って成果も出なくなっていくというわけです。

競争が厳しくなる昨今、このようなケースを見かけることが増えてきました。


これからはポジティブな「自責思考」が大切

それでは、社長はどのようなスタンスで臨むべきなのか。

あなた自身が、今の会社がうまくいっていないと感じているとき、「他責思考」は捨てるとして、どのように考えていけばよいのか。

この疑問の答えとして、私は、ポジティブな「自責思考」をおすすめしています。

ポジティブな「自責思考」とは、うまくいかない原因が自分にあることを前提としつつ、しかし、それを決してネガティブには捉えない態度を言います。

内部留保が十分ではなかったとして、それを単純に増やそうとするのではなく、複数の選択肢をしっかりと思い浮かべながら、本当に何が必要かを見つけていくことです。これをトヨタなどは、「カイゼン」と呼んでいるわけですが、起こってしまったことの犯人捜しをするのではなく、真因をつきとめ、それが2度と起こらないようにするにはどうしたらよいのか。今よりも状況をよくしていくためには何が必要か。そのような形で、何事もポジティブに考えながら問題解決を目指していくという考え方が、よい意味での「自責思考」なのです。

「なぜできなかったのか」ではなく、「どうしたらできるようになるか」を考える。

「どうして失敗したのか」ではなく、「どうすれば次は成功できるか」を考える。

それらをあなた自身が主体的に考える。そんなポジティブな「自責思考」こそが、これからの時代に必要な考え方なのです。

前章でもお伝えしましたが、「心構え」を更新することをビジョンづくりと呼んでいます。

あなたがビジョンをつくっていく上でぜひとも必要になるのが、ポジティブな「自責思考」です。

あなたが仕事を通じて実現したい将来像を、誰が見てもわかる形に落とし込んでいくこと。それは、常にポジティブな未来であり、「なぜできないか」ではなく、「どうしたらできるようになるか」を示したものでなければなりません。

次に見ていくように、ビジョンがなければ仕事はうまくいきません。

しかし、それがネガティブな言葉に満ちていたとしたならば、誰もあなたと一緒に理想の未来を目指したいとは思わないはずです。

2　仕事がうまくいかないのはビジョンがないからである

ビジョンとは本来どのようなものか

仕事をうまく進めるためには、明確なビジョンが欠かせません。

経営者が知っておくべきこととして最近よくいわれるのが、「理念」「ビジョン」「方針」「戦略」「目標」の違いです。もっとも、これにもいろいろな考え方があって全部をあげることはできないのですが、最も一般的だとされている内容を紹介していきます。

「理念」とは、何のためにその仕事をしているのか＝仕事の目的そのものを言います。

多くの共感を得られるかは別として、「お金を儲ける」ことも理念にはなり得ます。個人的には、さらにもう一歩踏み込んで、「儲けたお金を社会に役立てる」ところまで考えてほしいところですが、どのような形であれ、あなたが今の仕事を始めるに至った動機こそが、あなたの会社にとっての大切な経営理念となるはずです。

「ビジョン」とは、あなたの理念＝「心構え」を具体化したものを言います。

「お金を儲ける」のであれば、いくら稼いだら理念を達成したことになるのか。あるいは、「稼いだお金を社会に役立てる」のであれば、何をどれだけ用意することができたら、あなたの理念を実現できたことになるのか。

これらを誰にでもわかる形で示していくことが必要になってきます。ビジョンが明確に示されることによって、あとでも詳しく見ていくように、社員は自分が会社に何を期待され、どうすればその期待に応えたことになるのかを理解することができます。そうした理解が深まれば、会社は自然とよい方向へ進んでいくことになるのです。

ここから先は補足になりますが、「戦略」とは、ビジョンを実現するために必要な取組みのことを指します。売上10億円を達成するというビジョンを掲げたのであれば、新規の顧客をどのくらい開拓するのか、いつまでに・どのように達成するのかを示したものが戦略になります。

最後に「目標」とは、会社としての戦略を部署や個人に落とし込んだものを言います。会社全体として10億円の売上を達成するに当たって、自分の職場ではいくら稼げばよいのか、そして、個人としてはどれだけ稼げばよいのか、それを明確にしたものが目標になります。

ここからわかるように、理念―ビジョン―戦略―目標は、すべて1本の糸でつながっています。理念から外れた戦略は存在しませんし、ビジョンからかけ離れた目標というものもあり得ません。このつながりの大切さを理解することが、ビジョンづくりにおいてはとても重要になってきます。

ビジョンがないことで失敗した企業の例

ある企業には、非常に優れた人材が揃っていました。先代社長が1人で会社を立ち上げ、地元でも有数の企業に育て上げ、毎年の売上や利益も非常に安定していました。

しかし、代替わりをしたときに問題が生じました。

2代目は、非常に先進的な考えを持っている人で、「これからの時代は社員が自主的に考え、必要なタスクを実行すべき」との信念を強く抱いていました。もちろん、このこと自体は問題ありません。ただし、それだけを社員にメッセージとして発信し、自分が社長としてこの会社をどうしたいのか、そのような想いを伝えることはありませんでした。

先代は、「社員が安心して働くことができ、地域経済に貢献する会社」という理念を掲げ、それを実現するために必要な要素、特に地域経済に貢献するとはどのようなことか＝ビジョンをはっきり示していたのですが、２代目はそのような具体像を描くこともしませんでした。

その結果、古参の社員が次第に離れていきました。

「先代の考え方が好きだったんだけどな……」。退職者は次第に増え、多くの人がそのような言葉を口にしていました。ビジョンがないこと、正確にはビジョンをなくしたことで、多くの人が離れていった。そのような失敗の例として、私の記憶に非常に鮮明に残っています。

ビジョンがあることで成功した企業の例

また、別のある企業では、なかなか仕事が増えないという悩みを抱えていました。

創業者である社長は、とてもパワフルな方で、一定の規模まで急拡大を遂げたのですが、あるとき成長が全く止まってしまったのです。

私が見ている限り、社長自身の努力不足は全くありませんでした。

あえていえば、社員のスキルが会社の成長に追いついていないことが問題だと思われました。

その会社には、社長自身が過去に苦労を重ねてきたこともあり、１度道を外れそうになった人や愛のある家庭で育つことができなかった人などが多く集まっていました。

「誰でも再チャレンジすることができる社会にしたい」。

それが社長の口ぐせであり、会社の理念にもなっていました。

実際に、多くの若者が再チャレンジし、輝く人生を取り戻している状態がビジョンであるとすれば、成長スピードこそ鈍っていたものの、ビジョンは見事に実現できていたといえます。

しかし、悩みが深まっていく中で、社長は外部から優秀な人材を確保することを考えました。確かに、優秀な人材が加われば、再び成長を実現することはできたかもしれません。それでも、今まで頑張ってきてくれたメンバーとの摩擦など、また別の問題が懸念されます。

最終的に社長は、今のメンバーと一緒に成長を取り戻すことを決断しました。そのことを感じた社員たちも、必死になって社長をサポートしました。

確かなビジョンがあることで、より正確に言うならば、そのビジョンを捨てなかったことで、会社は再び成長モードに突入することができました。

ビジョンの大切さを改めて教えてくれる事例として紹介させていただきます。

ビジョンとは全員が共有すべき「行動規範」である

2つの事例から言えることは、ビジョンは大きく変えるべきではないということです。

このことは、ビジョンのもとになっている理念についても同じく当てはまります。何のためにこの仕事を始めたのか。この仕事を通じてどんなことを実現したいのか。あなた自身にとっての大切な理想像が、そうたやすく変わるわけはないはずです。

他方、戦略や目標は、時代の変化とともに変わっていくべきものです。

次章で詳しく見ていくＷｅｂ活用などは、昭和の時代にはほぼ存在しませんでした。

しかし、それが今の令和の時代になると、誰もが実践すべき不可欠の「仕組み」となっています。

特に建設業界では、デジタルツールに対する苦手意識が強いと感じていますが、時代の激しい変化に鈍感なままでは、もしくは、そうした変化に対して苦手意識を持ったままでは、せっかくの機会を失うことにもなりかねません。それはあなたが考えているよりも、はるかに大きな損失なのです。

さらに、戦略や目標を変化させられない社長は、本当は変えてはいけないはずの理念やビジョンを変えてしまおうと考えはじめます。

繰返しお伝えしてきたように、社長が「心構え」をベースにビジョンを更新する必要があるのはそのとおりです。

そして、あとで詳しく見ていくわけですが、まずは社長自らが変化を受け入れていくことも不可欠であると言えます。しかしそれは、ビジョンを「変える」こととは明らかに違っています。

ビジョンとは、あなたの会社で働く社員たちがどうすれば会社も自分も輝くことができるか、そのための道標なのだといえます。

何を目的とし、何を達成すれば、会社の理念を実現したことになるのか。

ビジョンには、その答えがはっきりと記されていなければなりません。その意味でいうならば、ビジョンとは、すべての社員にとっての「行動規範」とも表現できます。

人を傷つけてはいけない。困っている人をそのまま見捨ててはいけない。

このような人としての行動規範は、時代が変わっても決して変化することがありません。変えるべきは、戦略や目標に関わる「仕組み」のほうなのですから。

3 ビジョンをつくることができるのは社長だけである

どうして「ボトムアップ」ではいけないのか

理念やビジョンは変えずに、戦略や目標を時代の変化に合わせて見直していく。

より具体的に言うならば、時代の変化に対応した「仕組み」をしっかりと構築することによって、不変の＝普遍の理念やビジョンを変えることなく成果につなげていく。

このような形をつくりあげていくことが何よりも大切であることをここまで見てきました。「仕組み」をいかに構築するかについては、次章以降で詳しく追っていくとして、それに先立って、まずはビジョンを明確に示すことができなければ、どんなに素晴らしい「仕組み」だったとしても十分に機能することができません。

ビジョンを明確に示すことを、本書ではビジョンづくりと呼んでいます。

ここからビジョンづくりの方法について具体的に踏み込んでいくわけですが、その大前提として、ビジョンづくりは社長が中心となって行うことが大切になります。

だからこそ、間違わないための留意点について、先に見ていくことにします。

トップダウンのマイナスを指摘する声は、年々増えているように感じています。

確かに、この言葉はパワハラなどのリスクを連想させることもあって、できるだけ社員たちの意見にも耳を傾けながら意思決定をしていく必要があるとの考えが強くなってきています。

ですが、ことビジョンに関しては、それをやってはいけないと私は考えています。

社長とは、いわば船長のような存在です。

船には漕ぎ手が必要で、漕ぎ手である社員の意見が成果につながることも多々あります。

日々の仕事においては、たくさんの社員が意見を出し合いながら、よりブラッシュアップされた結論を求めていくことが大切ですし、私もそのようにアドバイスを送っています。

それでも、ビジョンとは、航路図であり、それを描くことができるのは、そして、描いた航路図に責任を持てるのは船長であるところの社長以外にはいません。その責任を社員に負わせることは適切ではない。少なくとも私はそう考えています。

このような意味も含めて、あなたの「心構え」を示していっていただきたいと思います。


よい仕事に必要なのはできるだけ多くの共感である

とはいえ、あなただけが満足していたのでは、ビジョンと呼ぶことはできません。

当たり前のことを当たり前にお話するのを許していただけるならば、よい仕事をするためには、できるだけ多くの人の力を1つにまとめる必要があります。多くの力を1つにまとめるためには、確かな共感が背景になければいけません。

ここでいう共感とは、もちろんあなたの想いに対する共感です。

あなたの想いが共感を集めたときに、初めて真の意味でビジョンと呼ぶことができるのです。このようにお伝えすると、次のような質問が返ってきます。

「どんなビジョンをつくったら、多くの共感を得られるのですか？」。

そう尋ねたくなる気持ちは痛いほどわかります。私もあなたの立場だったら、きっと同じ質問をぶつけただろうとも想像します。しかし、残念ながら、この質問に対する答えは存在しません。少なくとも私は、あなたのこの質問にはっきりと答えることができません。

なぜならば、答えはあなたの中にしかないからです。

多くの共感を得るためには、わかりやすさはもちろんのこと、言葉に力がなければなりません。そして言葉の力を生み出すものは、想いの強さ以外にはありません。

社会正義に反するものでない限り、どのようなビジョンでも問題はありません。

ですが、それをあなたが真剣に考え抜き、誰かの言葉を借りてくるのではなく、うまくなくても自分の言葉でしっかりと語り尽くすことによって、ビジョンに力が宿ります。

あなたが心からよい仕事をしたいと思うこと。あなたが考えるよい仕事とは何なのか。そして、それをどのように実現していくのか。その答えをまずはあなた自身が見つけていくのです。それが多くの共感を得る唯一の方法でもあるのです。

社長からのメッセージこそが多くの共感を集めることができる

同じような話になるかもしれませんが、角度を変えて見ていくことにします。

冒頭で少しお話したように、私は大学を出ると大手百貨店に就職しました。

非常に大きな組織でしたので、社長と顔を合わせる機会などまずなく、普段の仕事の指示などはすべて直属の上司である課長から降りてきました。たまに部長と話すことはあったと思いますが、あまり記憶には残っていません。

仕事は、それで十分に回っていましたし、大きな問題もありませんでした。

それは、ほとんどの大きな組織において、共通に見られる光景だろうと考えています。

それでも、本当にごく稀にではあったのですが、社長が個々の店舗を訪れることがありました。そのときには、社員に対して何らかのメッセージが発信されます。

「お疲れ様です」、「いつもありがとう」。

詳しくは忘れてしまいましたが、その程度の言葉だったかもしれません。

とはいえ、そのときに受けたインパクトの強さだけは、今も鮮明に記憶に残っています。

「社長が話したよ」―それくらいのことだったとしても、私には十分な重みがあったということです。

このことは、会社の規模にかかわらず当てはまると私は思っています。

社長であるあなたの言葉は、あなた自身が思っている以上に、社員にとってはインパクトのあるメッセージなのだということです。

「社長が話したよ」

ただそれだけのことが、社員の心を強く揺さぶる場合も少なくはありません。

組織が少し大きくなってくると、幹部社員や中間管理職が生まれ、日々のやり取りは基本的に、あなた以外の誰かの言葉で伝えられるようになります。

実はそこに1つの危機があると私は考えていて、「社長の声が聞こえない」「社長の姿が見えない」「社長の想いがわからない」、そのような社員の声が大きくなってくると、会社は方向性を見失い、思うように成果が上がらなくなっていく。

毎日ではなくても結構です。しかし、必要なポイントで社長がメッセージを送ること。

このことは意外と忘れられがちですが、よい仕事をしていく上では欠かせない要素であると、私自身は強く感じています。


ビジョンとはかけがえのないあなたからのメッセージである

社長がメッセージを発信すべきポイントとは、どこにあるのか？

確かに、そのような疑問が浮かんできたとしても不思議がありません。日々の仕事において、適切なポイントを見つけるというのは、必ずしも簡単なことではないからです。

ですが、ここまでの内容から、あなたにはもう答えが見えているはずです。

そうです。ビジョンをしっかりとつくること。それを繰返し徹底していくことこそが、何より重要なメッセージの発信になるのです。

もちろん、ビジョンとは、１度つくってしまえば終わりというものではありません。

時間の経過とともに人間には慣れというものが生じてしまいます。慣れが悪い方向に作用すると、ビジョンに込められた大切な想いが疎かにされてしまう危険性があります。

あるいは、組織は、常に人の新陳代謝を繰り返します。

新たに加わったメンバーには、ビジョンの内容はもちろんのこと、そこに込めたあなたの想いを余すところなく伝え切る必要があるといえます。採用の基準などもビジョンに共鳴・共感できるか否かが重要です。能力だけを見て採用し、後に組織内で摩擦が生じたケースを多く知っています。

そのような事態を避けるためには、共鳴や共感を大切にしていきましょう。

あなたの強い想いが、あなた自身の言葉によって伝えられること。

本当に大切な本質が、繰返しあなた自身のメッセージとして発信されること。

そのようなサイクルがしっかりと機能している組織では、多くの共感が組織の一体感を生み出し、よい仕事が行われることによって、継続的に成果を出し続けています。

よい仕事、その先にある成果の起点となるものこそが、ビジョンなのです。

スタートラインを引くのは、社長であるあなた自身です。

ビジョンの大切さを理解した今、それをあなた自身の言葉で示していくこと。

その準備に、早速とりかかることにしましょう。

4 ビジョンづくりのためにまずは社長が変わる！

3つの「変」について理解する

ビジョンづくりに関して「更新する」と「変える」の違いを改めて整理します。

少し前を思い出していただくと、「心構え」とはあなたの大切な本質＝つまりは理念なのであって、だからこそビジョンを「変える」のではなく、「更新する」必要があることを理解しました。

更新するとは、本質を変えずに時代の変化に合わせた見せ方をしていくこと。

テクノロジーなど、その時代に最もマッチした「仕組み」と結びつけていくこと。

表現を換えれば、ビジョンの見せ方を換えていくこと＝最新の「仕組み」へと載せ替えることが、本書が考えるビジョンづくりであり、社長が変わることに他なりません。

とはいえ、「変わる」ということ。もっと踏み込んで言うと、「変」という文字を使った言葉には、3つの違った意味を持つものが存在します。

まずは、社長が変わっていく前に、これら3つの「変」について理解することが重要です。

残念ながら、私のような「変人」という意味はありませんが、「変革」「変化」「変身」と表現される3つの内容について、しっかりと見ていくことにしましょう（図表4参照）。

まず「変革」とは、新しきを生み出すこと。

一般には、「イノベーション」という表現が用いられますが、ゼロからイチを生み出すだけでなく、物事を今よりも改善していくこともまた、イノベーション＝変革に当たるといえます。ビジネスに日々課題を見出し、さらによい状態を生み出していく。どんどん仕事をよくしていく。それがよい成果にもつながっていく。そのために変革が必要なのです。

次に、「変化」というのは、時代の変化や流行に敏感に反応しながら、常に先を見越して対応することです。

変革が基本的にはよい方向への「変」であったのに対し、変化には、よい・悪いのどちらの方向も含まれます。

先を見越した対応が適切であればよい方向に変化していきますし、見通しが甘ければ変化はマイナスしか生み出しません。

ただ「変わる」だけでは不十分であること、それでも、「変わる」ことからしか何も始まらないこと。そのためには、あなた自身が変わる以外に方法はありません。

そのようなあなた自身の「変」を「変身」と呼ぶことができます。変身というのは、過去に囚われず、自分自身が変わるという意味ですが、この「過去に囚われない」という点が特に大切です。

【図表４　３つの「変」】

【変革】
改善とは、過去に起こったことをよくする行い。
変革とは新しきを生み出すこと（イノベーション）。

【変化】
世の中の変化・流行に敏感に反応して、常に先を観て変化していくこと。

【変身】
過去に囚われず、自分自身が変わること。

まずは社長自身が変わるということ

まずは社長が変わる。そのために、社長であるあなた自身が変身する。

過去に囚われることなく変わるということは、過去をすべて否定することではありません。過去の中でも不変＝普遍のものはしっかりと残し、古くなってしまったものだけを見極めて、勇気を持って捨てていくこと。それが何より大切なことです。

古くなってしまったものとは、気合や根性といった精神論であり、後述するような、営業マンの属人的なマンパワーだけに依存し過ぎる営業スタイルです。

ここで、意識を「ビジョンの見せ方」に置き換えてみてください。

あなたがそれを変えることによって、あなただけではなく、社員の行動もまた変わります。社員の行動が変われば、習慣が変わり、人格が変わり、ついには運命までもが変わっていきます。

あなたの変身によって、このような大きなうねりが生じるのです。ポジティブな「自責思考」が大切であるとお伝えしたように、すべての源にあるのはあなた自身です。あなた自身をポジティブに変える＝よい変化を起こすことによって、変革へと至ります。

ここまでくると、もはや「変わらない」という選択肢は想像さえできないはずです。

ビジョンの２つの基準

社長であるあなたがポジティブに変身すること。まさにそれこそが、ビジョンを更新する＝見せ方を変えていくことに他ならない。

これらの点を理解した上で、ここではビジョンをつくっていく上で意識しておく必要がある2つの基準について見ていくことにします。

もっとも、ここで私が示す基準とは、あくまで1つの例示に過ぎません。切口は別の形であっても全く問題はありません。

ただし、あなた自身の内と外、あるいは会社の内と外、日本という社会の内と外、いずれにせよ「内と外」という分け方は必要だと考えています。

ビジネスとは、基本的に相手あってのものであり、自分だけがよいと思っているだけでは全く商売が成り立たないわけですから、「内と外（もしくは自と他）」という切口があることによって、仕事がよくなる可能性はさらに広がっていくでしょう。

次頁の図表5に示したように、ここでは会社の「内と外」という基準を設けています。

まず会社の「内」に対してですが、すでにお伝えしたように、ビジョンはすべての社員にとってわかりやすい「行動規範」となる必要があります。

何をすれば理念が実現できたことになるのか。

日々どのように行動すべきか。

それを具体的に示していくということです。

この点を欠いてしまっては、内にとってのビジョンは成り立ちません。

【図表５　組織の内部・外部という２つの基準】

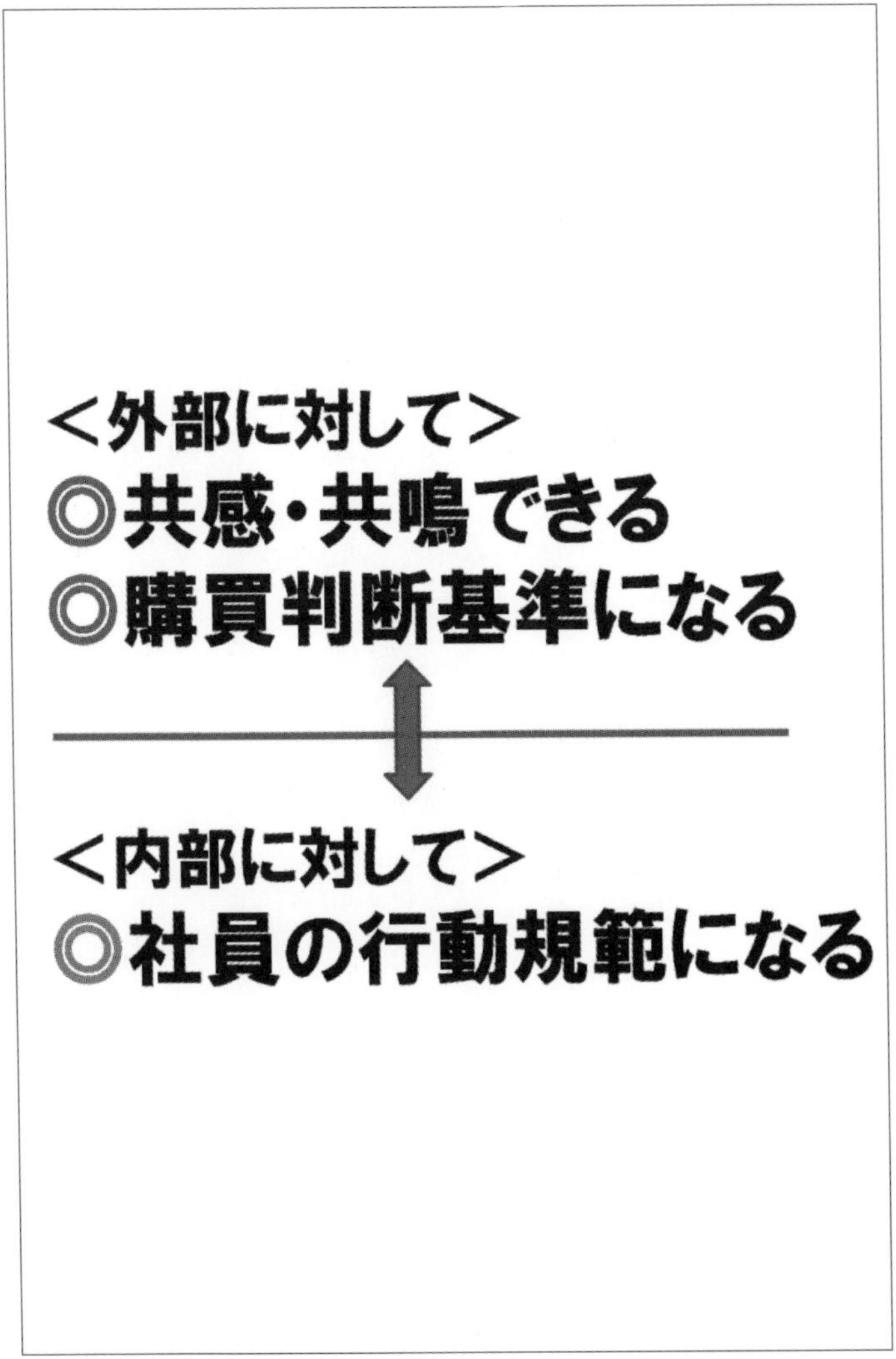

＜外部に対して＞

◎共感・共鳴できる

◎購買判断基準になる

↕

＜内部に対して＞

◎社員の行動規範になる

次に会社の「外」に対して見ていくと、あなたの会社が掲げるビジョンが多くの消費者にとって共感または共鳴できるものであることが重要です。

昨今でいうと、環境にマイナスなビジネスをしている企業や、人権侵害を結果的に助長している企業には、消費者からの厳しい視線が向けられています。これは、ビジョンが共感も共鳴もできない性質のものであることを意味しています。あるいは、ビジョンは適切でも、それに反した企業行動を取っているとの評価が行われているとも考えることができます。

いずれにせよ、共感・共鳴のレベルが低ければ、購買判断基準としては明らかにマイナスです。だからこそ、ビジョンづくりにおいては、外に向けた視点も必要になってくるのです。

できるだけ多くの人を巻き込むために

今の例に従えば、会社の「内と外」という2つのどちらの基準にも、できるだけ多くの人を巻き込むという要素が求められています。

会社の「外」に対しては、先ほどもお伝えしたように、とにかくクリーンであること。そして、クリーンなビジョンをしっかりと実行に移していること。この2点が重要になってきます。

私の座右の銘の1つに「知行合一」という言葉があります。自分が「知っていること」と「行うこと」とは別のことではなく、真の知識は実践を伴うものだという意味ですが、外に向けたビジョンとは、まさにこの知行合一を求めているのだといえます。見た目にはきれいなサービスや商品を提供していても、その背後では多くの人々が苦しんでいる。これからの時代、そうした企業やビジネスへの評価はますます厳しくなっていくことでしょう。

正しい行動を、正しい心構えで、しっかりと積み重ねていくこと。「急がば回れ」ではありませんが、それが何よりも重要なのではないでしょうか。

今の点は、会社の「内」についても当てはまる部分が多くあります。

ビジョンが全社員にとっての「行動規範」であることはすでにお伝えしたとおりですが、それがどのようなレベルであるべきかについては、詳しく説明していませんでした。

内に向けたメッセージにとって非常に重要なのは、誰もが「理解できる」ことに加えて、誰もが「実行できる」という視点を含んでいることです。

いきなり大きなハードルを飛ぶことは無理でも、少しずつ高さを増していくことはできるかもしれません。今の自分にできることを確実に実行する。どんなに小さなものであっても、成功体験をしっかりと積み重ねていく。それを可能にするビジョンこそが、あなたが目指すべきものだといえます。

できるだけ多くの社員を巻き込むことができれば、組織の力はどんどん大きくなっていきます。「組織力の最大化」などとよくいいますが、何か難しい作業が必要なわけではなく、どれだけ多くの社員が共感できるか。社員の心が1つになれるか。すべてはそこにかかっているわけです。

共感の量によって組織の力が増し、仕事の質もよくなる。この理解がとても重要なのです。

●第２章のまとめ●

□ 仕事がうまくいかないのはすべて社長のせいである

今すぐ「他責思考」をやめて、自分を起点に改善を目指していく、ポジティブな「自責思考」へと切り替えていく。

□ 仕事がうまくいかないのはビジョンがないからである

ビジョンがなければ、社員は何をしてよいのかがわからない。不安な社員がよい仕事などできるはずがない。

□ ビジョンをつくることができるのは社長だけである

ビジョンとは、あなたの大切な本質を明確に示したものである。だからこそ、あなたが主体となってつくること。

□ ビジョンづくりのために、まずは社長が変わる！

社長が変わるということは、ビジョンの「見せ方」を変えること。時代の変化に即した形にアップデート（更新）していく。

第3章

「仕組み」①

「Web」を最大限に活用する!

【図表６　本章ではＷｅｂ活用について理解します】

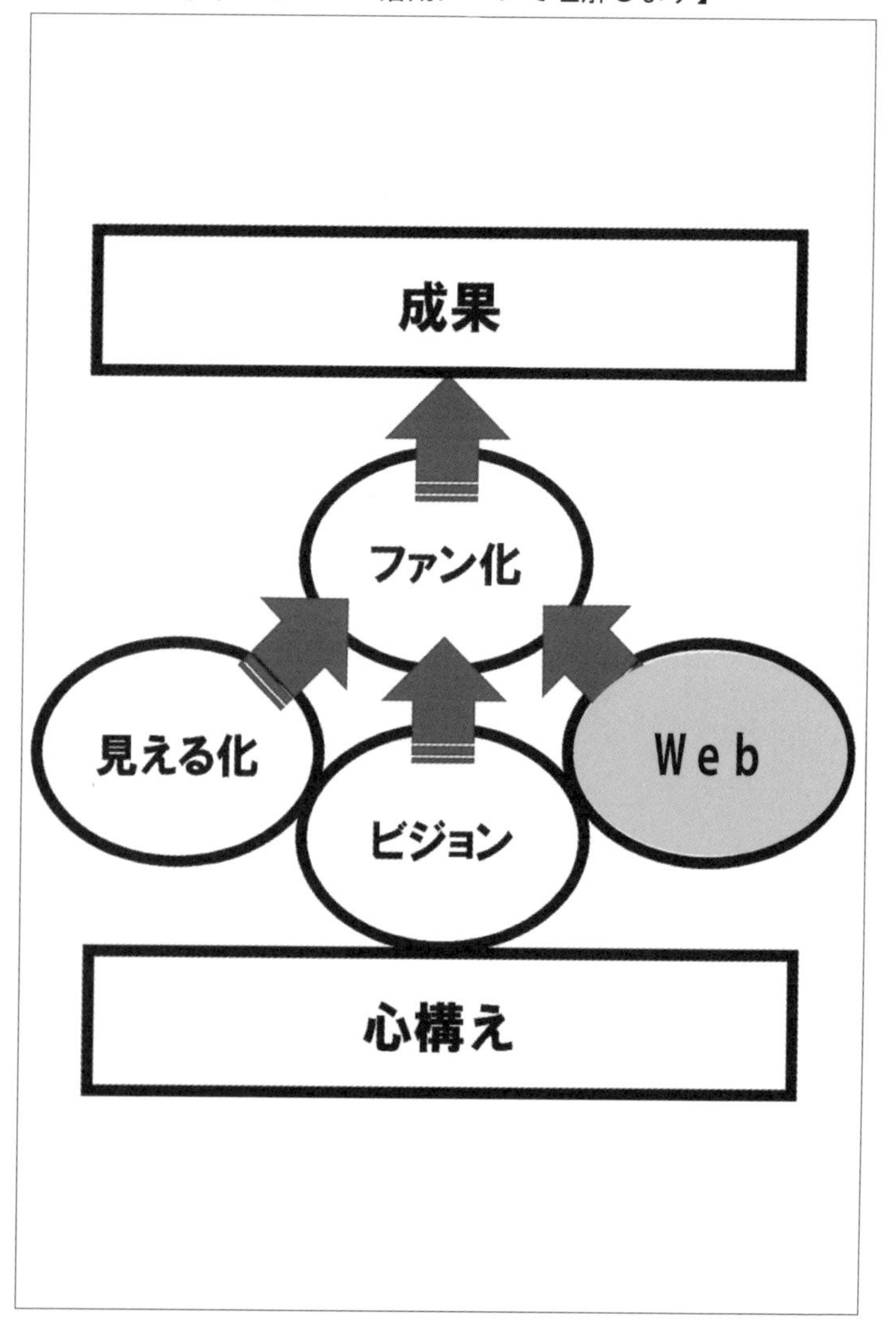

1　デジタルはもはや必須の時代である

どうしてデジタル化が必要なのか

ここからは、いよいよ「仕組み」の話に入っていきます。

あなたの「心構え」とビジョンが、3つの「仕組み」と結びつくことによって成果へとつながる。そのことの意味については、しっかりとご理解いただいたはずですので、ここからは頭を切り替えて、具体的な手段のほうに意識を向けていきましょう。

最初に取り上げるのは、「Ｗｅｂ」の活用についてです。

「ＩＴ革命」なんていう言葉が古臭く感じられるくらい、テクノロジーは日々目覚しいほどの発展を続けています。あなた自身も、プライベートでは、スマートフォンやタブレットを活用して、多くのことを楽しんでいるはずです。

他の業界にも目を向けるならば、昨年からのコロナ禍によってリモートワークが大きく進展し、私も研修やセミナーをオンラインで実施する機会が非常に増えました。

そのような状況の中、あなたの会社はどうでしょうか。

デジタル化への対応はしっかりとできている。そう胸を張って言えるでしょうか。

デジタル化にしっかり対応できているということは、何も仕事にパソコンを活用しているとか、以前よりも使う紙の量が減ったとか、そういうことを意味しているわけではありません。形だけの対応ではなく、仕事の中身まで十分にデジタル化できているかどうかが問題なのです。

デジタル化が必要な理由は、とてもはっきりしています。あなたの会社を利用するかもしれない見込客が、デジタル化に対応しているからです。

何を買うか、どのサービスを利用するか、どの会社が一番よい仕事をしてくれそうか、それらをすべてWebで検索することによって判断していきます。

アナログ営業ももちろん大切なのですが、それだけでは成果を上げにくい時代です。デジタルツールを道具として活用し、アナログと上手に連動させていく。それによって、高いレベルでの効率化が図れるようになります。

そのことが、お客様にとっても自社にとってもよい流れを生みます。

消費者の行動プロセスを理解する

自分が求めている商品やサービスをインターネットで検索して情報収集する。探していく。それが現代の消費者の行動プロセスです。

今や消費者の87・5%が、商品などを購入する際には、ホームページに記載された情報を参考にしているとのデータも存在します。

図表7に示したように、消費者の行動は、「AIDMAモデル」から「AISASモデル」へと

【図表７　消費者の購買行動プロセスの変化】

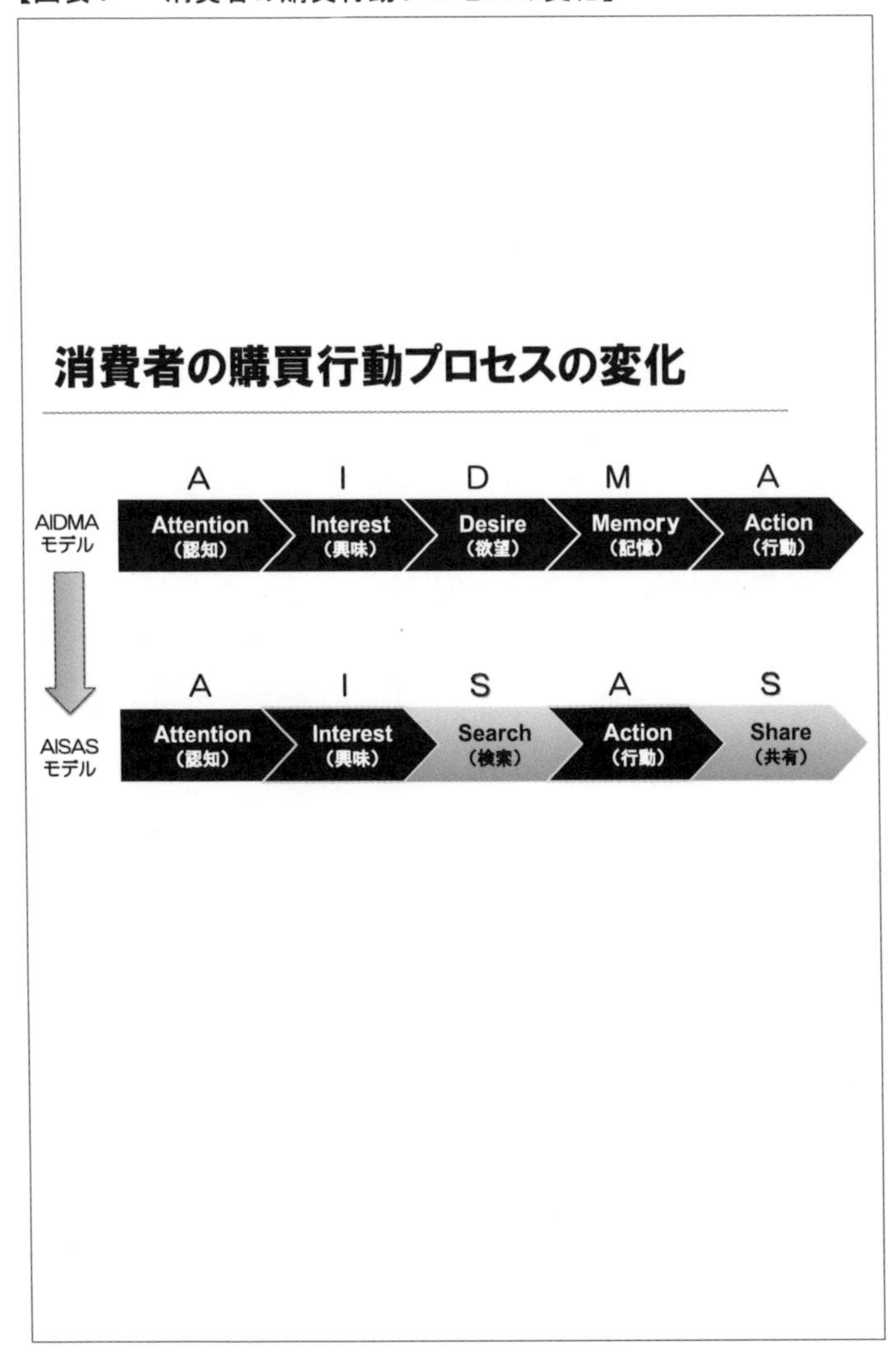

移り変わっています。

Ｗｅｂを検索して必要な情報を入手し、それに満足できた場合にはＳＮＳを活用して友人などへ拡散していく。

ここでもまたＷｅｂが力を発揮します（後者については、第4章の「ファン化」のところで詳しく触れますので、ここでは割愛します）。

これまでは、飛込営業はしなくても、ＤＭをせっせと作成し、それを配付するなどといったアナログ手法で集客に努めてきました。

しかし、あなた自身を振り返ってみれば明らかなように、ポストにＤＭが入っていると、もはや反射的に捨てようとする時代です。本当に必要な情報がそこには書かれていないことを、消費者は十分に理解しているということです。

あなたの会社の仕事のプロセスを、「ＡＩＳＡＳモデル」に合わせていくこと。それがＷｅｂ活用の第一歩となります。

集客方法を変えていく

具体的には、集客の方法にデジタルも活用していくことになります。

図表8に示したように、集客方法には一般に18の類型があるとされており、そのほとんどは電話やＤＭ、飛込営業などアナログ手法となっています。

【図表８　集客方法の類型】

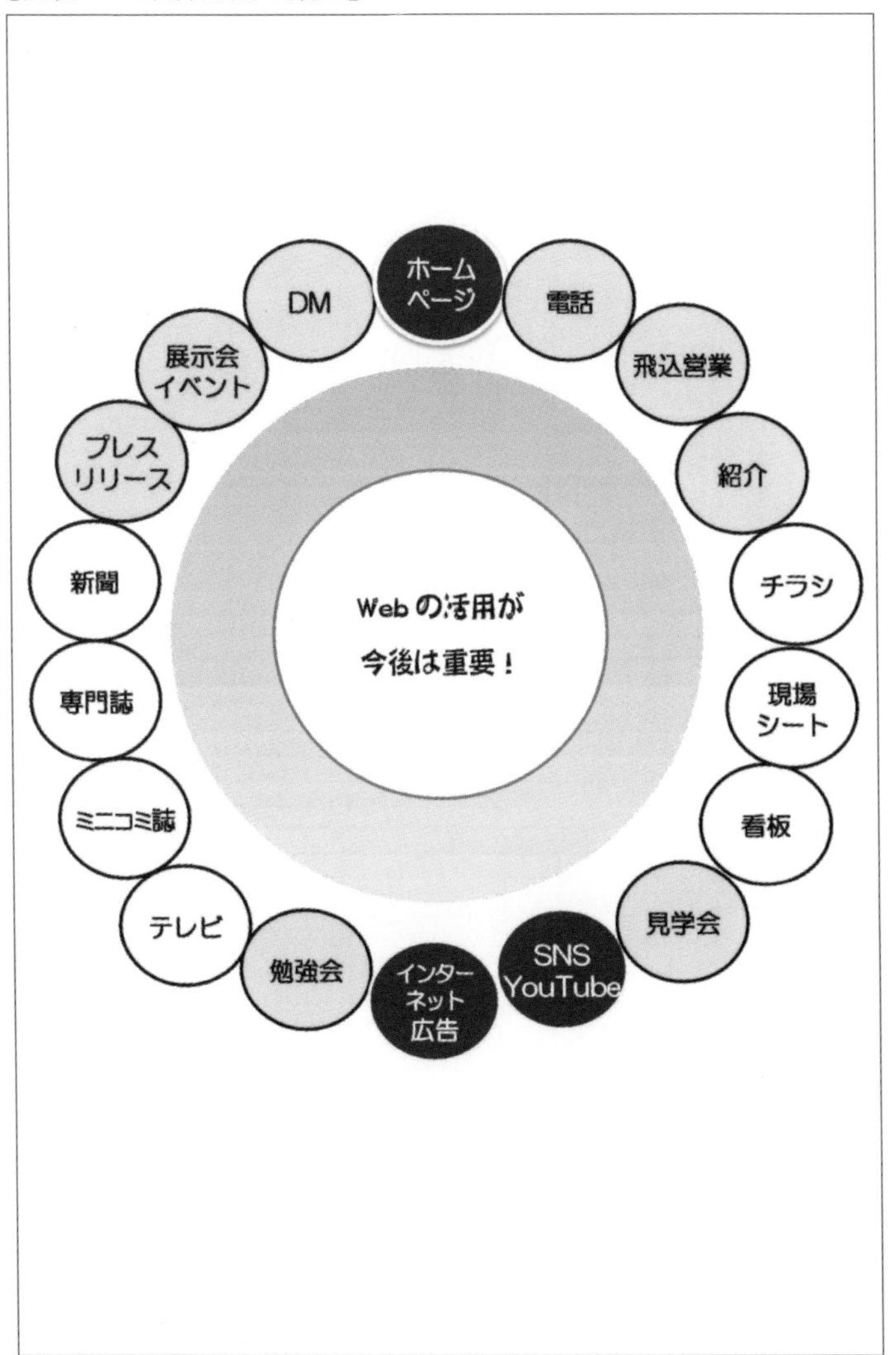
ホーム
ページ
電話
飛込営業
紹介
チラシ
現場
シート
看板
見学会
SNS
YouTube
インター
ネット
広告
勉強会
テレビ
ミニコミ誌
専門誌
新聞
プレス
リリース
展示会
イベント
DM
Webの活用が
今後は重要！

この中に、あなたが今も懸命に続けているものがどれだけ含まれているでしょうか。

新聞を読む人は年々少なくなっています。それはチラシにも影響してきます。あるいは、テレビを見る人の数も確実に減っているといえます。私も以前に比べると、ほとんどテレビを見なくなりました。まだ大衆に訴えかけるメディアとしての地位は保っているとしても、これからのことを考えると先行きは不透明です。

ミニコミ誌などの紙媒体も、確実に勢いを失っています。

このような状況を正確に理解することができれば、アナログ手法だけに頼って集客を図ることがどれだけ遅れているか、十分にご理解いただけるのではないでしょうか。

だからこそ、集客の方法をデジタルに切り替えていくのです。

一番は図表8の頂点にあるように、ホームページを充実させることです。その上で、広告をインターネット上で展開し、ＳＮＳとも連携を図っていきます。

先日、ある運送業の経営者とお話する機会がありました。

その方は、他の会社に先駆けてＳＮＳを用いた情報発信を行っており、最近では大手の会社からも、「動画を見たんですけど」という依頼の電話が増えているとのことです。

長く続いている会社でも、人の新陳代謝は進みます。発注先を決める担当者も年々若返ります。そのような担当者が何で情報を得ているのか。そう考えれば答えは自然と出てくるはずです。

ホームページの整備に始まるデジタル化に真剣に取り組んでいく必要があります。

2 「飛込み」から「呼込み」へ

「下手な鉄砲も数うちゃ当たる」時代＝「飛込み」営業の時代

昭和の話になりますが、「下手な鉄砲も数うちゃ当たる」とよく言われました。アナログ手法の代表選手である飛込営業には、まさにこの言葉がふさわしいといえます。

飛び込んだ相手の数だけ契約が取れる。歩いた距離の分だけ数字が伸びる。または、すり減った靴底の分だけ多くの顧客を得ることができる。

何だか昔の刑事ドラマの雰囲気もありますが、本当に皆そう信じていました。

先ほど昭和といいましたが、平成の初めまでは、こんな感じだったと記憶しています。

損害保険の営業をやっていた友人に聞いたことがあるのですが、新入社員として配属された先で毎日やらされたのが、とにかく商品のパンフレットを持って飛び込むこと。その数が少なければ、事務所に戻ってから先輩に怒鳴りつけられる。

「今からでも遅くない。足りない分を飛び込んでこい」。

その友人には、人見知りのところがあったので、飛込営業に強いストレスを感じていました。

「思わず、別の飛込みをしそうになったよ」。

今でこそ笑い話で済みますが、一歩間違えば私は大切な友人を1人なくすところでした。

いずれにせよ、このような形で数を重視していたのがアナログ時代の営業です。

念のために申し上げておきますが、私はこうした手法を否定しているわけではありません。

実際に、今でもある種の商材の営業に関しては、飛込営業を推奨しています。

理解としては、多くの商材について、飛込みでは買ってもらえない時代になった。これが正確なところです。

大切なのは、商材の特性を見極めて、最適の営業方法を選択するという姿勢なのだといえます。

「下手な鉄砲はあまり当たらない」時代＝「呼込み」営業の時代

多くの商材が、飛込営業では買ってもらえない時代になりました。

だからこそ、時代に合った別の営業方法を模索していかなければなりません。

そこで、私がおすすめしているのが、これから見ていく「呼込営業」という手法です。

自分で検索するという手段を覚えた消費者は、自分の好みに合った商品やサービスを全力で探し、簡単には妥協することがありません。

ネットショッピングの経験があればわかることですが、「もっとよいものが他にあったら……」と常に不安に駆られ、なかなか購入ボタンをクリックすることができない。気づいたら時間ばかりが過ぎていて、「もっと他にやることがあったのに……」と後悔を重ねる。もちろん、私にもたくさんの心当たりがあります。

そこまでのこだわりを持つ消費者に、いかにして購入という意思決定をしてもらうか。
そのためには、飛び込んでいって選んでもらうのではなく、相手に来てもらって選んでいただく。
消費者があなたの会社のホームページへと導かれ、そこに載っている情報に共感することによって
あなたの会社の商品やサービスの購入を決断する。そのための導線を用意することこそが、まさに
これからの時代に必要となってくる呼込営業なのです。
自分から行くのではなく、相手からやってくるための仕掛けを用意すること。その仕掛けを、ア
ナログ手法ではなくデジタル化によって実現すること。
呼込営業を確立するためには、本章のテーマであるＷｅｂが必要不可欠です。見込客をリアルな
場面で探しに行くのではなく、Ｗｅｂ空間に呼び込んでいくのです。

「呼び込む」ためには「ターゲット」を明確にする

それではどうすれば、見込客をホームページへと導くことができるのでしょうか。
多くの社長は、ここで1つの間違いを犯してしまいます。その間違いとは、「下手な鉄砲も数うちゃ
当たる」の精神と全く同じで、できるだけ多くの見込客に響く言葉を探そうとすることです。
しかし、誰にでも役に立つ情報は、誰にとってもあまり役に立たないものです。昭和の時代のよ
うに選択肢がきわめて少ない競争環境の中では、「最大公約数」のような商品を用意しておけば安
心だったかもしれません。

ところが現代は、価値観が非常に多様化した時代です。自分の言葉を誰に響かせたいのか、もっと踏み込んで言うならば、どんな人に買ってほしいのかをできるだけ絞り込んでクリアに示すことが必要なわけです。

ペルソナ

どこかで「ペルソナ」という言葉を耳にしたことがあるかもしれません。

ペルソナとは、あなたの会社にとっての理想の顧客像、もしくはメインのターゲットを示す言葉で、マーケティングの最初の一歩はこのペルソナ（ターゲットの絞込み）を明確に設定することから始まります。

誰に買ってほしいかを明確にすることで、その人が訪れやすい導線を用意することができるのです。

5歳の子どもから90歳の方まで、誰もが買ってくれるというのは理想ですが、それを目指すと商品やサービスの強みが完全にぼやけてしまいます。そして、ぼやけた強みの商品やサービスを購入する人はほとんどいません。

多くの商品の準備はＮＧ

だからといって、多くの商品を準備することは、絶対にやめてください。それができるのは、今や大企業だけであり、中小建設会社がその方向を目指すとうまくいきません。あなたが考えるべきは、理想の顧客像であり、あなただけの強みを見つけ、共感し、選択してくれるファンを探すことに他なりません。

小さいからといって、コンビニを目指すことも失敗のもとです。他の場所では売っていない、あなたの店に行かないと買えない。そんな限定ブランドの専門店を目指すことこそが、これからの時代を生き延びていく方法なのです。

定期的に商品やサービスの見直しも行う

だからこそ、定期的に商品やサービスのラインナップを見直すことも必要です。

できるだけ多くの相手に売りたいとの思いが強いばかりに、あなたの強みを十分に発揮できない分野にまで手を伸ばしてしまう。そのことによって、組織としての生産性が低下するだけでなく、あなたの会社が何を売りとしているのかがわからなくなってしまいます。

せっかく美味しいサンドイッチを販売しているのに、おにぎりも一緒に売ることによって、そこがどんなお店なのかがわからなくなってしまう。少なくとも、中小建設会社にとっては、リスクの高い手法だと考えています。

これからＷｅｂ活用を推進していくならば、商品やサービスについても見直しましょう。

自社の強みとは異なるもの、理想の顧客像が望むとは考えられないもの、それらがある場合には、思い切って捨てる勇気も必要になってくるでしょう。

確かな成果を生み出すには、広げるのではなく絞り込むこと。

誰にでもアクセスしやすい方向性ではなく、エッジをきかせて勝負していくこと。

それらの点を意識して取り組んでいくことが必要です。

3 「見込客」を確実に「顧客」へと変えていく

何をやっている会社かが一目でわかる

「見込客」を会社のホームページへといかに導くか。それは確かに重要なことなのですが、あくまでもファーストステップに過ぎません。

本当に大切なのは、「見込客」が「顧客」に変わることです。ホームページを見てくれた人が、そこに自分にとっての価値を見出すことができず、早々に退散してしまう。それでは本当の意味で目的を達成したことにはなりません。

ここでは、「見込客」を「顧客」へと変えるために必要なポイントをお伝えしていきます。

何より大切なのは、あなたの会社が一目で何屋かわかることです。あなたの会社が何をやっている先なのか。戸建ての注文住宅会社なのか、リフォーム会社なのか。あるいは、土木工事のスペシャリストなのか。それを一目でわかるように示していきます。

以前、ある人からいただいた名刺を頼りにホームページを検索したことがあります。会社名は書かれていましたが、その会社がやっている仕事についてはよくわかりませんでした。名刺をくれた本人の経歴はたくさん書いてありましたが、肝心の事業の正体がうまくつかめない。結局、何をやっている方なのかが最後までよくわからないまま、ご本人との接点も広がることはありませんでした。見た目にカッコいいことと、わかりやすいこととは明らかに違っています。もちろん、美しい見た目に惹かれる人がそれなりにいることもわかっています。

しかし、どれだけホームページが素敵だからといって、それだけで購入を決める検索ユーザーは非常に少ないというべきです。

大切なのは、あなたのホームページを見る相手の立場になって、相手の意思決定に役立つ情報を、できるだけわかりやすく表示することです。

わかりやすさにとって一番大切なのが、何をしている会社なのかという情報です。その点をぜひ、ご理解いただければ幸いです。

あなたの会社だからこその強みがわかる

次に考えなければならないのは、あなたの会社の強みを伝えることです。

例えば、「うちは居酒屋です」という情報だけを伝えても、新鮮な刺身が売りなのか、それとも肉厚の焼鳥に自信があるのか、日本酒の品揃えは誰にも負けないのか、そのお店だからこその強みは決して伝わりません。

強みは、商品・サービスだけとは限りません。強みを明らかにするためには、次の4つの切口から抽出することが大切です。それは、①会社の歴史・実績など、②人（社員）、③情報提供、そして④商品です。

得意としている工法、これまでに積み重ねてきた現場の経験、これら4つの観点を踏まえながら、あなたの会社ならではの強みを、わかりやすい言葉を使ってしっかりと伝えていく必要があります。

「そんなこと言われても、ウチにはそこまでの強みはないから……」。

私がこの話をすると、多くの社長がそんな言葉を口にします。

ですが、どんな会社にも強みは必ずあります。自社の強み＝顧客が選んだ理由なのですから。

例えば、選んだ理由が「近かったから」。これも大切な強みですし、創業55年という会社の歴史も大きな強みになります。

よいものはよいと伝えていきたい

あなたが、ある居酒屋に入ったときのことを想像しましょう。

「おすすめは何ですか？」。メニューを横目で眺めながら、そんな質問をした経験のある方は多いはずです。

私もメニューを最後まで読み通すのが面倒で、おすすめされた品をそのまま頼んでしまうことも珍しくありません。その背景には間違いなく、ある種の安心感があります。

お店として堂々とおすすめできる品だから、味も確かであるに違いない。そのような心の働きがあるからこそ、おすすめを頼むことに抵抗がないわけです。

にもかかわらず、店主が「おすすめといわれても、特には……」などと口にしたらどうでしょう。最初のジョッキを空けることとさえためらいながら、一刻も早くそのお店を後にしたいと考える人が圧倒的に多いのではないでしょうか。

よいものをよいと伝えることは自慢でも何でもありません。それが事実である限り、堂々とあなただけの強みを伝えていきましょう。

「強みは顧客に聴く」＋「お客様の声」が書かれている

ここでは、強みを抽出する３つのステップを紹介します。

①　社内で４つの切口で抽出してみる。
②　顧客に聴く（あなたの会社を選んでいただいた理由を購入いただいた度に毎回必ず聴く）。
③　強みは変化していくので顧客に聴き続ける。

この３つのステップを実践してみると気がつくこととして、社内で抽出した強みと顧客が選んだ理由とが違っている場合が多くあります。こんなときは、顧客の声こそが最も大切であるとお考えください。

常に顧客本位であること。そして、強みは絶えず変化していくものですので、顧客に聴き続けて変化を戦略に活かしていくことが必要です。

ところで、あなたは、ホームページをチェックするとき、何を一番大切にしていますか。商品のスペックやサービスの細かな内容。それらも当然に確認していく必要があるでしょう。しかしながら、自分たちが掲げた強みは売込みと思われます。

どんなに素晴らしく見える商品やサービスであっても、いや、素晴らしく見えれば見えるほど、本当にそうなのかと疑いたくなる気持ちが芽生えてくるものです。関心が信頼感へと深まるには、それなりの裏づけが重要になってきます。

ホームページの中で「裏づけ」の役割を果たしているのが、「お客様の声」＝神の声です。あなたの会社を利用したお客様が、実際に体験したからこそわかること、仕事のよし悪しなどを、第三者の目で客観的に評価してくれる機能です。

某有名サイトで「やらせ」が問題になったこともありますが、それが問題になるのは、私たちが「お客様の声」に書かれたコメントやレビューの評価などを重要な判断材料としているからです。

私が支援している企業様では、定期的にお客様へのインタビュー取材を行っています。私がインタビュアーとなって担当者と同行し、リフォームや新築住宅を建てたお施主様や土木の工法を採用いただいた住宅会社様に取材を行っているのです。その内容をホームページにアップしたりSNSに掲載したりするなどして、営業販促物として活用しています。多いときは、月に5件ほど取材に行くこともあります。

自分の強みを事実として堂々と伝えていくことは一番にやるべきこと。しかし、それで終りではなく、あなたの強みが確かなものであることを、お客様自身の声でしっかりと語ってもらうこと。

主観と客観。自分の言葉と他者の言葉。お客様の声は神の声！ それが企業様に対して私がいつも伝えていることです。2つの視点がしっかりと結びつくことによって、情報は信頼性を獲得していきます。

SNSと連携している

これは、第4章の「ファン化」のところでも詳しく見ていくテーマですので、ここではできるだけ簡潔にポイントだけをお伝えしていきます。

電子メールが革命的だったのは20世紀末の話です。今やコミュニケーションの中心は、SNSのアプリに移行しています。

私は、初めて電子メールを送ったときに「感動した」世代ですが、高容量のデータを送るときはメール、単に言葉をやり取りするだけならSNS、そんな使い分けを普通にしています。

各種アプリにも積極的に広告が出されているように、ホームページへの導線としての役割もまたSNSに移行しています。だからこそ、あなたのホームページもSNSと連携している必要があり、できるだけ多くの媒体から入れる工夫をしておくことが重要になってきます。Facebook や LINE、Twitter、あるいは Instagram。

アプリの種類によって活用している層も異なりますので、ターゲットをしっかり見極めた上で、適切に使い分けていくことも必要になってくるでしょう。

もはやＳＮＳもツールとしては必須のものです。苦手意識を捨てましょう。大丈夫です。もとは私も生粋のアナログ人間ですから。

しかし、これだけ社会が変化しているのですから、必要に応じて私も変化しているに過ぎません。好き嫌い、向き不向きで決めるのではなく、流行は取り入れていきましょう。

4 Ｗｅｂは「生き物」。ビジョンをもとに育てていくことが大切

特にＷｅｂは時代とともに変化する

「心構え」とそれに基づくビジョンは決して変化しない。しかし、「仕組み」は、時代とともに変化するものであり、だからこそ、それをビジョンの見せ方の変化として示していく必要がある。この点を繰返しお伝えしてきました。これは、特にＷｅｂに強く当てはまると考えています。

あなたも日々実感しているだろうと思いますが、昨今のテクノロジーの進化は驚くほどの速さで私たち人間を追い越していきそうです。ついこの間まで最新だった技術が、どこか古い香りに満ちて、それを使っている自分までもが古臭い人間になった気がする。そんなことを感じている人もかなり多いのではないでしょうか。

変化に敏感であれ

Ｗｅｂを「仕組み」として取り込んでいく上で、変化に敏感であることが大切です。

もちろん、技術の細かなところまで理解する必要はありません。必要なのは、Ｗｅｂという道具を戦略的にどう生かしていくのか、営業プロセスのどこで活かすのかが重要です。

そのためにも、技術の変化に敏感であることは、とても大切なことです。

iPhoneをフル活用することはできなくても、新しいiPhoneが販売になったニュースくらいは、知識として仕入れることができるでしょう。

ビジネスの最先端がデジタル技術をどのように活用しているのか。

今、どんなテクノロジーの周りに多くの人が集まっているのか。

アンテナを広く張ることによって、現在のトレンドをしっかりと追いかけてください。その先の専門的な知識については、該当する分野のプロに訊けばよいのです。

変化しているという事実をしっかりと把握していきましょう。

あなたの会社の「強み」を常に更新し続ける

あなたの会社の強みを載せる基盤＝ホームページなどのデジタル技術が新しくなっていく。そのような事実を前にしたとき、「あなたの会社の強みを更新しなくてよいのか」という問題が必然的に浮かび上がってきます。

確かに、建築を専門にする会社が、土木のプロになる可能性は高くないかもしれません。

とはいえ、同じ土木でも日々技術は更新されていくわけですから、あなたの会社がそれを導入し、以前よりも高品質のサービスを提供できるのだとすれば、その事実を「見込客」に対して適切に伝えることはとても大切ですね。

あるいは、あなたの強みを裏づける仕事の実績についてはどうでしょう。大手企業に採用された新たな技術開発をして県から表彰された。新聞に掲載された。採用実績1万件。そのような実績は、確実に消費者の心にも響きます。あなたの会社への信頼感が、これまで以上に高まります。

だからこそ、積み重ねた実績についても、しっかりと書き加えていきましょう。

このような対応を怠ってしまうのは、とてももったいないです。「見込客」の見込度をさらに高めていくよい機会となるからです。

私は、企業のホームページをチェックするとき、記事が更新された日付を必ず確認します。最新の記事の日付が3年前といった場合には、その企業に対する信頼性が大きく低下します。

厳しいいい方をすれば、消費者に目線が向いていないということだからです。

自分の会社の強み＝消費者にとっての価値をしっかりと届けていきましょう。

「お客様の声」をもれなく反映する

このことは、「お客様の声」についても同じことです。毎回、取材の依頼をするぐらいの気持ちが大切です。そして、お客様の声をどんどん増やして更新頻度を高めていきましょう。お客様は、常に新鮮な情報を求めています。

嬉しい声は喜んで、厳しい声は謹んで、他のお客様にもしっかりと確認していただく。そのような姿勢をしっかりと示すことができれば、あなたの会社に対する信頼はさらにいっそう高まることが期待できます。

情報を更新し続けるという手続が簡単ではないことはよくわかっています。

私自身、Ｗｅｂの活用については、もっと工夫の余地があるのではないかと反省したりもします。そのような反省があるからこそ、更新の重要性をお伝えしないわけにはいかないのです。

お客様の意思決定に必要な材料をしっかりとお届けする。それは、あなたにとってのメリットだけでなく、相手にとってのそれも十分考慮に入れてください。

育てていくための「ＰＤＣＡ」サイクル

あなたのＷｅｂを時代の変化に合わせてしっかりと育てていくということ。その必要性についてはは十分ご理解いただけたと思いますので、ここでは具体的な方法について、あなたと一緒に見ていきたいと思います。

その方法とは、「ＰＤＣＡ」サイクルをしっかりと回していくこと。これに尽きます（図表９参照）。

Ｐとは「ＰＬＡＮ（計画）」、続くＤとは「ＤＯ（実行）」、さらにＣとは「ＣＨＥＣＫ（検証）」、

【図表９　Webを育てる３つのステップとPDCAサイクル】

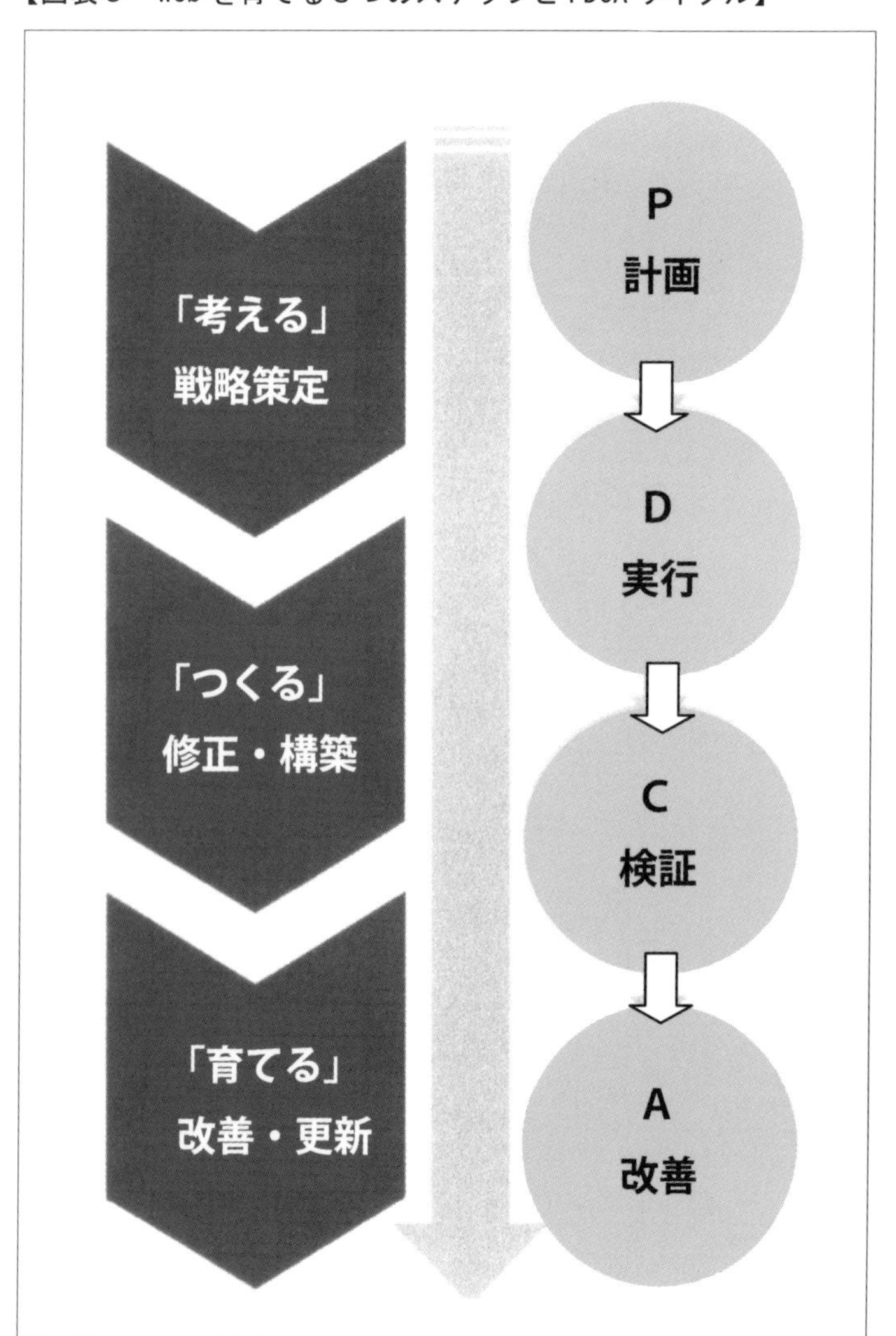

そして最後のＡとは「ＡＣＴＩＯＮ（改善）」を意味しており、それぞれの頭文字を取った上で、「ＰＤＣＡ」サイクルという呼び方をしています。

サイクルという言葉を使うのは、Ｐ↓Ｄ↓Ｃ↓Ａという順番にプロセスを進めていくこと。そして最後のＡが次のＰにつながっていき……という無限のループを必要とするからです。

この「ＰＤＣＡ」サイクルを適切に回すことができれば、仕事の進め方などが改善され、やがて確かな成果という形で返ってくることになります。

ポイントは、スピーディーにＣ↓Ａを繰返し行うこと。

ＰＬＡＮを立ててＤＯまではするのですが、Ｃがどの企業もなかなかできていないのが現状です。というのも、Ｃをアナログで行おうとすることに限界があるからです。

私は、デジタルツール（営業支援ツール）の導入を推奨して、スピーディーにＣ↓Ａを行えるよう支援しています。

支援している企業様を見ていると、事実を把握してスピーディーにＣ↓Ａができるようになれば、確実に成果へとつながっていくことが実感できます。

前頁に記載した図表９のＷｅｂ活用に関する「ＰＤＣＡ」サイクルに関して、ここでは３つのステップをお伝えしたいと思います。

■ ステップ１「考える」（戦略策定）

営業プロセス上のどこで活かすのか。リアルとどのように連携させるのか。

ターゲット＝理想の顧客像の絞込み。そして、自社の独自の強みをどのように定めるのか。これらの戦略をしっかりと考え、定めていきます。

■ステップ2「つくる」（修正・構築）

戦略を定めた上で、30項目程のチェックシートに基づいて制作していきます。

例えば、何屋なのかが一目でわかるか、問合せ用のバナーは目立つかなど、どのようなホームページをつくればもっとも響くのかといった点を詰めていきます。

■ステップ3「育てる」（改善・更新）

解析ツールを活用して数値化されたデータをもとに、ＰＤＣＡサイクルを回して改善・更新していきます。

大切なのは、感覚ではなく、事実（数値データ）をもとに分析・改善していくことです。改善すべき点はしっかりと対応し、アピールポイントを強調していきます。

また、施工事例、実績、トピックス、ブログ、お客様の声なども更新していきます。

本書では、ＳＥＯ（Search Engine Optimization＝検索エンジンの最適化）の詳細については割愛しますが、更新頻度が高いホームページはネット上での評価も高くなります。そういった効果もありますので、更新頻度を高めることはとても重要になります。

テクノロジーが進化している場合には、この機会に新たに取り込むことも検討します。

これらの対応を積み重ねることで、導線としての役割を強化し続けていきます。

狭い意味では、ステップ３が「育てる」というフェーズになりますが、その前に２つのステップが機能しているからこそステップ３が生きてくるわけです。考える↓つくる↓育てる―この３ステップをＰＤＣＡサイクルでしっかりと回していきましょう。くどいようですが、大切なのは、ＰＤＣＡのＣです。このステップの効果を常に検証しながら、少しずつレベルアップしていくことを心がけましょう。

育てるためには、何を置いても積重ねが大事。それは、何もＷｅｂに限った話ではなく、人を育てることにも共通しているといえます。

そして、積重ねが大事であるということは、育つまでには一定の時間がかかる点を十分に理解し、焦らず向き合っていく必要があることを意味しています。ホームページをつくったからといって、いきなり集客が上向くわけではありません。一度動き始めると、加速度的に広がっていくＷｅｂ上での情報伝達ではありますが、動き始めるまでには、やはりそれなりの時間を必要とするわけです。

人の成長も、日々それを実感できるというものではなく、ある日「爪が伸びた」と気づくように、あるいは、「そろそろ髪を切ろうかな」と思うように、一定のレベルまで成長したときに初めてそれを実感するものだといって差支えありません。Ｗｅｂの成長もまた、ある時期がきたときに初めて、それを実感することができます。焦ることなく、確実にＰＤＣＡサイクルを回しながら、改善と更新を繰り返していくことを心がけましょう。そうすれば必ず、Ｗｅｂは成長し、あなたの非常に心強い味方になってくれるはずです。

●第３章のまとめ●

□ デジタルはもはや必須の時代である

消費者はホームページの情報など、Ｗｅｂを活用して意思決定を行っている。Ｗｅｂのよしあしがビジネスの成果を決める。

□「飛込み」から「呼込み」へ

「飛込み」に代表されるアナログ手法は自ら押しかけるもの。これからの時代に必要なのは「呼び込む」ための導線である。

□「見込客」を確実に「顧客」へと変えていく

導線の先に価値のある情報が見つかれば、それを利用する。誰に何をどのように届けるのか、しっかりと考え抜くことが大事。

□ Ｗｅｂは「生き物」。ビジョンをもとに育てていくことが大切

会社自身の成長と時代の変化。それらをしっかりと反映し続ける。人の成長と同じく、日々の積重ねが重要である。

第4章

「仕組み」②

「見える化」で「人財」を「共育」する！

【図表 10　本章では「見える化」について理解します】

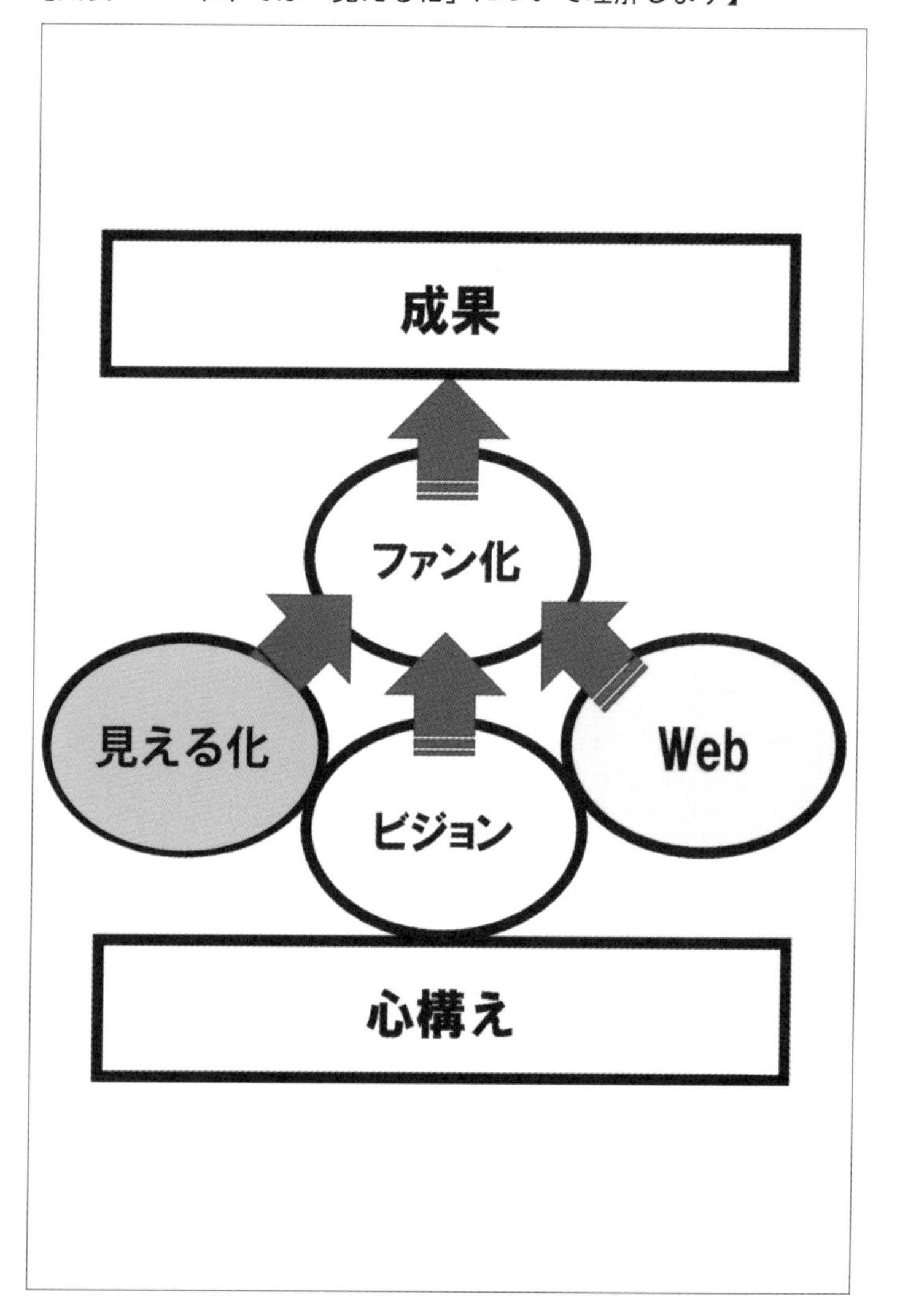

1　顧客は「価値」に対してお金を支払っている

顧客は何にお金を払っているのか

顧客がお金を支払う対象とは、実際のところ何であるのか。

ビジネスにおいては、しばしば議論の的となる点ですが、改めて考えてみる意義は十分にあります。

商品やサービスを「購入する」というのだから、それらに対してお金を払っていると考えるのが当然である——そのようなご指摘もごもっともです。

ですが、問題の本質は、もっと深いところにあると考えています。

例えば、あなたが真夏の暑い日に、自動販売機で缶ジュースを買ったとします。

それがキンキンに冷えていれば、喉の渇きを潤すのはもちろん、ほてった体も冷やしてくれる。「美味しかった」を超えて、「買ってよかった」と満足することができます。

しかし、やっとの思いで買ったジュースが、機械の故障で常温のままだったらどうでしょう？

私だったら缶を自動販売機に叩きつけたい衝動に駆られるかもしれません。満足のかけらもない、後悔や怒りに満ちた瞬間が訪れます。

味も容量も変わりません。違っているのは温度だけです。

にもかかわらず、購入したあなたの気持ちには、天と地ほどの違いが生まれています。つまり、温度という別の要因によって商品の価値に変化が生じたということです。

あるいは、あなたがずっと行きたいと思っていたアーティストのライブ。

好きな相手を誘ったはずが、会場に行ってみたら、「急に都合が悪くなったみたいで」とあなたの苦手な同僚が待っていました。あなたは、いったいどんな気持ちになるでしょうか。ここに来るまで幸せに満ちていた気分は、一瞬にして粉々になってしまうでしょう。

アーティストは、全く変わっていないにもかかわらず、です。

あるお客様に言われたこと

駆出しの営業マンとして汗を流していた頃、あるお客様に言われた言葉が今でもクリアに私の記憶に残っています。

「私は、商品がいいから買ったんじゃないですよ。中村さんだから買ったんです」。

素直にうれしいと感じた反面、ある種のおそろしさのようなものも感じました。

それまで、どうしても商品の優れた点ばかりを説明し、よさを理解してもらうことができればきっと購入してもらえるに違いない。そう信じて疑わないところがありました。

私に足りないのは、商品知識であり、商品のよさに対する理解であり、それを伝えるための良質な言葉であると考え、それらをブラッシュアップすることばかり考えていました。そして、他の重要な問題については、全く意識が向いていませんでした。

にもかかわらず、「あなただから買った」とそのお客様は言うのです。

「私のどこがよかったのですか」とは、残念ながら訊くことができませんでした。

それからしばらくの間、その言葉の意味についてずっと考えていました。

私だから買うということは、他の人だったら買わなかったということです。扱っている商品は全く同じなのに、それを扱う営業マンによって意思決定に違いが生じる。だとすれば、私が苦心して伝えようとしていた商品の価値とは何なのだろうか。商品やサービスの価値には、営業マンという要素も含まれるのだろうか。

このもやもやが解消するまでには、少しばかり時間を必要としました。

ジュースの温度やライブの同伴者の例のように、商品やサービスの価値は、関連するいくつもの要素によって大きく変化します。

その中には、当然、「売る人」という要素も含まれます。コンビニやカフェでも、笑顔の店員さんに出会うと、コーヒーの味が何倍も美味しくなります。

こうしたメカニズムについて理解することができなければ、お客様に対してあなたが提供できる真の価値をお届けするのが難しくなります。

「あなただから買った」といっていただくためには何が必要なのか。

その点をもう少し詳しく見ていくことにしましょう。

「価値」とは課題を解決するときに生まれる

価値に基づく購入のメカニズムには、1つの大きな前提があります。それは、「価値とは顧客が抱える課題を解決したときに生まれる」という点です。

真夏に缶ジュースを買う顧客は、「喉が渇いていて、体もほてっている」との課題を抱えています。この課題を解決することが、缶ジュースに期待されている役割です。キンキンに冷えていたならば、問題なく課題を解決することができます。

もちろん、どんな商品やサービスにも価値はあります。

しかし、その価値が十分に発揮されたというためには、お客様が抱える悩みや願いをしっかりと解決できるという要素が必要不可欠であり、それができなければ、どんなに素敵なものであっても、価値がないのと同じになってしまいます。

焼肉食べ放題で満腹のあとに、高級キャビアを出されても、全くうれしくないのと同じです。

それでは、営業マンが間に入ることによって生まれる価値とは何なのでしょうか。

他の誰かが話すよりも、私が説明したほうが、商品そのものがよく見える。確かにそれはありそうなことです。だからといって、今見てきたとおり、どんなによい商品でも課題解決につながらなければ価値を生むことはありません。

営業マンがいるからこそできる課題解決とは何なのか。

その問いに対する答えが見つからなければ、先ほどの大前提をクリアしたことにはなりません。

これは、意外と簡単なようで、実際のところ非常に奥の深い問題です。最終的に課題を解決するのは、商品やサービスであって、営業マンではありません。

価値を生み出す営業マンの動きとは、いったいどのようなものなのでしょうか。

「ソリューション営業」の大切さ

営業マンがいるからこそできる課題解決とは何なのか。

その答えを、私は、「ソリューション営業」という言葉でお伝えしています。

あなたもご存知のとおり、「ソリューション」には、「解決する」という意味があります。言うまでもなく、ソリューション営業によって解決すべきは、顧客が抱える課題であって、まさにそれを自社の商品・サービスを通して営業マンが行っていくという意味です。

詳しくは後段でお伝えしますが、顧客にはニーズがあります。

喉が渇いている、体のほてりを抑えたい、それがニーズに当たります。だからこそ、自動販売機を見つけたとき、ジュースを買うという意思決定をしたわけです。

しかし、営業マンであるあなたは、50m先に最高のかき氷店があることを知っています。

「かき氷のほうが、喉の渇きも体のほてりも、ずっと解消できるのではないですか」―あなたがその顧客と話す機会があれば、そんなアドバイスを差し上げることができます。

顧客は、最高のかき氷を口にし、ジュースでは絶対に味わうことのできなかった満足をしっかりと感じることができます。常温の缶をつかまされるリスクもありません。

このように、顧客のニーズをヒアリングして適切に把握し、最適のソリューションを提供できること。さらには、顧客が気づいていないニーズ（潜在ニーズ）までをも発掘し、顧客が想像してもいなかった期待以上の解決策を具体的に示すこと。それによって顧客の満足を最大化すること。

特に後者のスタンスはソリューション営業にとって非常に重要になってきます。

それらを「見える化」「標準化」することができれば、営業の質は飛躍的にアップします。

2 企業としての価値を生むのは「人財」である

「ソリューション」できるのは人である

顧客自身でさえも気づいていないニーズを深掘りし、示していくこと。

その上で、最適な課題解決の方法を提案していくこと。

そのようなソリューションを提供できるのは、人間以外にはありません。ＡＩの力はもちろん、素晴らしい要素をたくさん含んでいます。それでも、対話を重ね、相手の心に寄り添い、気づかないニーズを発掘していくというやり方は、ＡＩにはしばらく実現できそうにありません。

コンピュータ業界には、「バグ」という言葉が存在します。

精緻なはずのプログラムに潜んでいた不具合のことを指す言葉ですが、私たち人間は、このバグを無意識のうちにうまく処理できているのだと考えています。

例えば、ふとした瞬間のひらめき。「降りてくる」という感覚が近いのかもしれませんが、それまで考えていたことから文脈的には明らかに外れていても、よりよい解決のための方策やアイデアが突然浮かんでくるというのは、決して珍しいことではありません。

あるいは、予測不可能な行動が生み出される場合など。

子育てをしている時期に、よく子どもの予測不可能な行動に肝を冷やしました。さっきまで笑顔でテレビを見ていたかと思えば、次の瞬間には鬼のような形相で泣き出す。大きな通りに限って、全力で飛び出そうとする。何度も冷や汗をかきました。

このような予測不可能な行動も、「バグ」と呼ぶことができます。

それでも私たちは、「子どもってそんなもんだよね」といった雰囲気で、うまく受け入れることができているように思うのです。

他方、ＡＩとは、予測可能な範囲の世界で最大限の効率性や生産性を発揮するものです。

そして、顧客が気づいていないニーズとは、予測可能な世界の外にあるものです。だからこそ、人間にしか適切なソリューションが提供できないのです。

「人財」の質が向上すれば解決もレベルアップする

ここまで見てきたことを少し整理してみましょう。

■商品やサービスが持っている価値は、顧客の課題を解決したときに初めて真の価値となる。
■課題解決のレベルは、商品やサービス自体の価値以外の要素によっても大きく左右される。
■潜在的なニーズの発掘を含め、人間（営業マン）が与える影響には非常に大きいものがある。
■「見える化」によってソリューション営業の質を高めることが、解決のレベルを向上させる。

言うまでもなく、ソリューション営業を担うのは、AIではなく人間（営業マン）です。つまり、営業マンの質＝スキルが向上すれば、その分だけソリューションの質も高まることになり、最終的な顧客の課題解決のレベルもアップすることになるわけです。

この点を理解することによって、次のことが明らかになります。

私たちは、とかく商品やサービス自体の価値を高めることだけに意識を向けがちです。

もちろん、目に見える価値としての商品やサービスの内容が大切であることに異論はありません。それでも、繰返しお伝えしてきたとおり、顧客が抱える悩みや願望を満たすことができなければ、スペック（性能・特性）はどんなに素晴らしくても、価値は生まれないということになります。

いかにして商品やサービスがその価値を十二分に発揮することができるのか。その大きなカギを握っているのが、営業マンという存在であり、解決の質に大きく寄与する点で、営業マンとは企業にとってかけがえのない「財産」であるということができます。

もちろん、営業マン以外の役割もすべて、それぞれにかけがえのない「財産」です。

そのような財産を「人財」と呼ぶわけですが、人財の質が向上することによって、顧客が抱える課題解決のレベルもアップすることになります。

そのためにソリューション営業を「見える化」し、誰もが一定のレベルで再現できる仕組みをつくっていかなければなりません。それなくして人財のレベルアップを期待することは非常に難しいと私自身は考えています。

「見える化」とは、まさに「人財共育」のためにあるわけです。

しかし、その具体的な内容については、もう少しあとで詳しく見ていくことにしましょう。

課題解決のレベルこそが企業としての「価値」である

少し話は戻りますが、顧客の課題が解決したときに真の価値が生まれることを理解しました。

そのときに、価値とは、顧客にとっての・顧客が感じる価値であって、商品やサービス自体が有する価値とは異なる場合があります。価値は、顧客に伝わって、顧客がそれを実感してこそ価値になるのです。

その価値が大きなもの（期待以上）であれば、顧客はあなたの会社の商品やサービスに満足感を抱きますし、逆に価値が小さいと思えば次の購入機会（リピート）はないと考えるでしょう。

その意味で、顧客に伝わった価値こそが、あなたの会社の真の価値なのだといえます。

言い換えれば、あなたが提供できる課題解決のレベルこそが、顧客にとっての価値であり、さらにあなた自身の仕事の価値にも直結しているということです。

これまでのあなたに、このような視点はあったでしょうか。

数字を上げること。そのために自社の商品の素晴らしさを伝えるということ。できるだけ多くの契約を獲得し、できるだけ多くの利益を残すこと。仕組みではなく精神論で頑張れ、頑張れ……。そのようなことを、一生懸命に考えてきたのではないでしょうか。

初めのほうでもお伝えしたように、それは私自身のかつての姿に他なりません。顧客に対してソリューションを提供するのではなく、あなたの都合を押しつけること。あなたが考える価値がそのまま顧客に対しても価値であるという思込み。

今でこそえらそうに「あなた」といっていますが、ほとんど「私」に対する呼びかけです。企業としての価値を、常に内向きの思考で考え、「顧客にとっての」という外向きの視点を用いて評価することができない。そのような状態のままではソリューションは提供できず、それは顧客にとっての価値を提供できないことと同じです。だからこそ、あなたの視点を外に向けていくのです。

課題解決のレベルこそが企業としての価値であるという認識を手に入れた今、あなたがすべきは、顧客が抱える課題を発見すること、あるいは深掘りして発掘すること。その上で最適な解決策をしっかりと示していくこと。この2つが重要になります。

だからこそ「人財共育」が必要である

少し踏み込んで言うならば、課題の発見・発掘のレベルが価値につながっていきます。そして、発見・発掘という役割を担うことができるのは、人間（営業マン）だけです。

だからこそ、営業マンが実践する課題の発見・発掘、さらには、ソリューション提供のレベルを引き上げることによって、企業としての価値を高めていく必要があるのです。

つまり、営業マンに最も重要なスキルは、話す力ではなく、聴き出す力なのです。売込み型の昔の営業スタイルからの脱却をあなたがまず理解する必要があります。

「人財共育」という言葉が必要な理由については、あとで詳しくお伝えするとして、顧客の課題を解決するソリューション営業の品質を高めることが、「人財共育」の中心であることは明らかです。

繰返しお伝えしているように、会社は営業マンだけで成り立っているわけではありませんので、広く「人財共育」が必要であるとお伝えしておきます。

それでも、顧客との直接の接点が、企業にとっては非常に重要であることも事実です。

本書が営業にフォーカスする理由は、まさにこの点にあって、ご理解いただけると幸いです。

これまでの自分の経験、関わってきた企業での経験から、人が育たない企業は、成果を出し続けられないと思います。

大事なところなので厳密に表現していますが、「人を育てない」企業ではなく、「人が育たない」企業です。研修などをたくさん実施しているにもかかわらず、社員に成長が見られないケースが、残念なことに少なからず存在します。

理由はいくつか考えられますが、経験的には「ビジョンが共有できていない」、もしくは「成長のゴールが明確化されず、したがって共有もできてない」場合がほとんどです。

成長のゴールとは、「どのような人財になればよいのか」という明確な目標のことです。ビジョンに基づきゴールが設定されていなければ成長もできない。考えてみれば、当たり前のことですね。

3 社長が「教える」のではない。「共に育つ」意識が重要

「人財共育」と「人材教育」の違い

「人が育たない」という失敗を犯さないことが、企業の価値を高める上では不可欠です。そのためには、根本の考え方を改めていく必要があると私は考えています。

企業における社員の成長について語られるとき、一般には「人材教育」という言葉が使われます。しかし、私は、この点に大きな問題があると思うのです。

まず「人材」という言葉についてですが、「材」という文字には、「材料」という意味を超えて、「才能」や「素養」といった意味も含まれています。したがって、「人材」とは、仕事をする上で必要な能力を備えている人、企業に貢献してくれる人のことをいいます。

このときに気になるのが、「企業にとって有能である」という視点です。

社員は、会社に貢献して当然。それはそのとおりだとしても、本当にそれだけでよいのでしょうか。会社としても、社員の幸せや自己実現に向けてできることがあるのではないでしょうか。

この疑問に対する答えを与えてくれるのが、「財」という文字です。

【図表 11　「人財共育」が必要な理由】

人 財

人は「財」＝宝なり

共 育

だからこそ、上の立場から
「教える」ではなく、
同じ土俵に立って、
「共に育つ」意識を持つ

いうまでもなく「財産」「宝」という意味を示すものであり、当て字ではあるのですが、「人財」と表すことによって、社員が会社にとっての大切な宝であることが明確になります。

人（社員）は、道具ではなく財なり。お互いがお互いにとって大切な存在である。

この意識を持つことが、人の成長にとっては非常に重要であるのは間違いありません。

次に「教育」ですが、「教える」という言葉は、上下の関係性を強く感じさせます。教える側が上に立つ人、教えられる側は下に位置する人、というわけです。

本来の意味としては違うのでしょうが、日本の社会には「教える人＝先生＝えらい人」という図式がはびこっており、それが「お互いがお互いにとって大切な存在」という意識をダメにしてしまうおそれがあります。だからこそ、私は、「共育」という言葉を使っています。

「教え育てる」のではなく、「共に育つ」という意味です。人を「育てている」のに「育たない」会社には、「人財」という意識が薄いと感じるときがあります。どこかで社員を一段低い存在に見ている、その意識が社員の成長を阻害しているといえるかもしれません。

社長が「共に育つ」とは

「人財共育」を実践するためには、社長であるあなた自身が意識を変える必要があります。

あなたがこれまでに上げてきた成果、それにはもちろん価値があります。そのためのやり方も、顧客の課題解決につながる確かな手法だったでしょう。

それでも、すべての営業マンがあなたと同じやり方でうまくいくわけではありません。

能力や個性には違いがあって当然であり、それは仕事の仕方にも反映されてきます。

だからこそ、自分の信念ややり方を一方的に「教える」のではなく、すべての営業マンが確実に再現できる方法を一緒になって考えていく必要があるのだといえます。その検討の過程を通じて、あなたにもきっと多くの気づきがあるはずです。

それは、あなた自身にとっての学びであり、さらなる成長の機会にもなります。

社長に向かって成長というのは失礼かもしれませんが、人は死ぬまで学びの連続と考えたほうが、より多くのことを成し遂げられるのではないでしょうか。

社員の成長を一緒に考えることによって、あなた自身も成長することができる。

まさに「共に育つ」が実現できるのだとしたら、何と素敵なことでしょうか。

あなたが意識を変えることによって、社員を「人材」ではなく「人財」と理解することによって、「教育」ではなく「共育」が実現する。真に「人が育つ」環境ができ上がるわけです。

「共に育つ」のは社長だけではない

もちろん、「共に育つ」のは、社長だけではありません。

営業マンが現場で活躍できるためには、事務などそれを支える社員の活躍が不可欠です。

誰もが確実に再現できる方法を確立することができれば、効率性がアップし、仕事はスムーズに進みます。営業マンのサポートに割いていた時間も、大幅に削減することができます。誰にとっても望ましい状況が生まれるわけです。

営業マンが不在のときにかかってくる電話などの対応。あるいは、伝票や請求書といった書類の整理。それらの仕事に割かれていた時間を他の仕事に向けることができるとしたなら、組織の生産性はこれまで以上に大きくアップするはずです。また、それぞれの役割ごとに自分の本来やるべきことが明確になることで、アウトプットの質も高まるものと期待できます。

営業という会社の中心的機能が改善することによって、会社全体のアウトプットの質が飛躍的に高まり、営業マン以外の社員もどんどん成長していく。

あなたに実現してほしいのは、こうしたサイクルをしっかりと構築することに他なりません。

そのための「人財共育」なのであって、あなたを含めたすべての社員の成長を実現することで、会社としての価値＝顧客にとっての価値を高めていくことが目的なのです。

「見える化」こそが「人財共育」のカギ

「人財共育」がそのような目的を達成するには、「見える化」が必要です。

「見える化」とは、手順を標準化した上で、誰にでもわかる言葉で表現し、再現性を高めていく作業のことをいいます。マニュアルは、「見える化」の最も有名な例です。マニュアルづくりが目的ではないとしても、「見える化」を実現する上では有効なツールになり得る。この点は、しっかりと押さえておいたほうがよいと考えます。

とはいえ、「見える化」の実現には、様々なハードルがあります。

「営業スキルは属人的なものであって、標準化などできないのでは？」

クライアントからは、よくそのような疑問をぶつけられるのですが、このような考え方は根強く、私にとっては非常にやりがいのある相手です。

特定の個人の能力だけに依存することなく、組織全体としての価値を高めていくには、すべての営業マンがもれなく一定のスキルを身につけて、誰が担当になっても顧客に対して同じ品質の商品・サービスを届けられる、確かな価値の提供を全員が同じように再現できる必要があります。

そのためには、明確な基準となるべきものが存在していなければなりません。

優秀な営業マンがいるのであれば、その成功の本質を引き出し、わかりやすい言葉にまとめて、全員で共有していけばよいのです。それが明確な基準を示すことにつながります。そして、全員でその実現に向けて努力を重ねていく。そうすれば必ずできるようになる。まさにこのプロセスこそが、「見える化」に他なりません。

上からの物言いになりますが、「人財共育」とは、おしなべて必要な手順＝やるべきことの標準化と明確化によって行動変容を促し、再現性を高めていくプロセスであるといえます。

言い換えれば、「見える化」と「人財共育」とは、同じコインの表と裏ということです。

この点を踏まえた上で、ソリューション営業の中身を詳しく見ていくことにします。

4 ビジョンを「見える化」し「いつでもどこでも誰でも」を実現する

顧客の課題解決にとって必要不可欠なソリューション営業の5つのステップを図表12に示しました。

「ソリューション営業」の5つのステップ

ここでは、個々のステップがどのようなスキルを要求しているのか、標準化していく上で必要なポイントを理解することが目的です。

具体的な「見える化」については、仕事の内容などによって変わってきます。

細かな手順までを示すことは本書の範囲を超えていますが、どのような点をおさえるべきなのか、「見える化」にとってのエッセンスは、ご理解いただけるものと考えています。

ここで示すエッセンスをすべての営業マンが実践できるようになること。

つまりは、「見える化」が完成することによって、顧客の課題を解決するレベル＝顧客に提供する価値＝あなたの会社の価値が飛躍的に高まります。

忘れてならないのは、これらの背景にはビジョンがしっかりと根づいていることです。

前章でもお伝えしましたが、誰の課題をどのように解決したいのか、あなたの強みは何なのか、それをもとに標準化がなされていることが重要です。

【図表 12　ソリューション営業の５つのステップ】

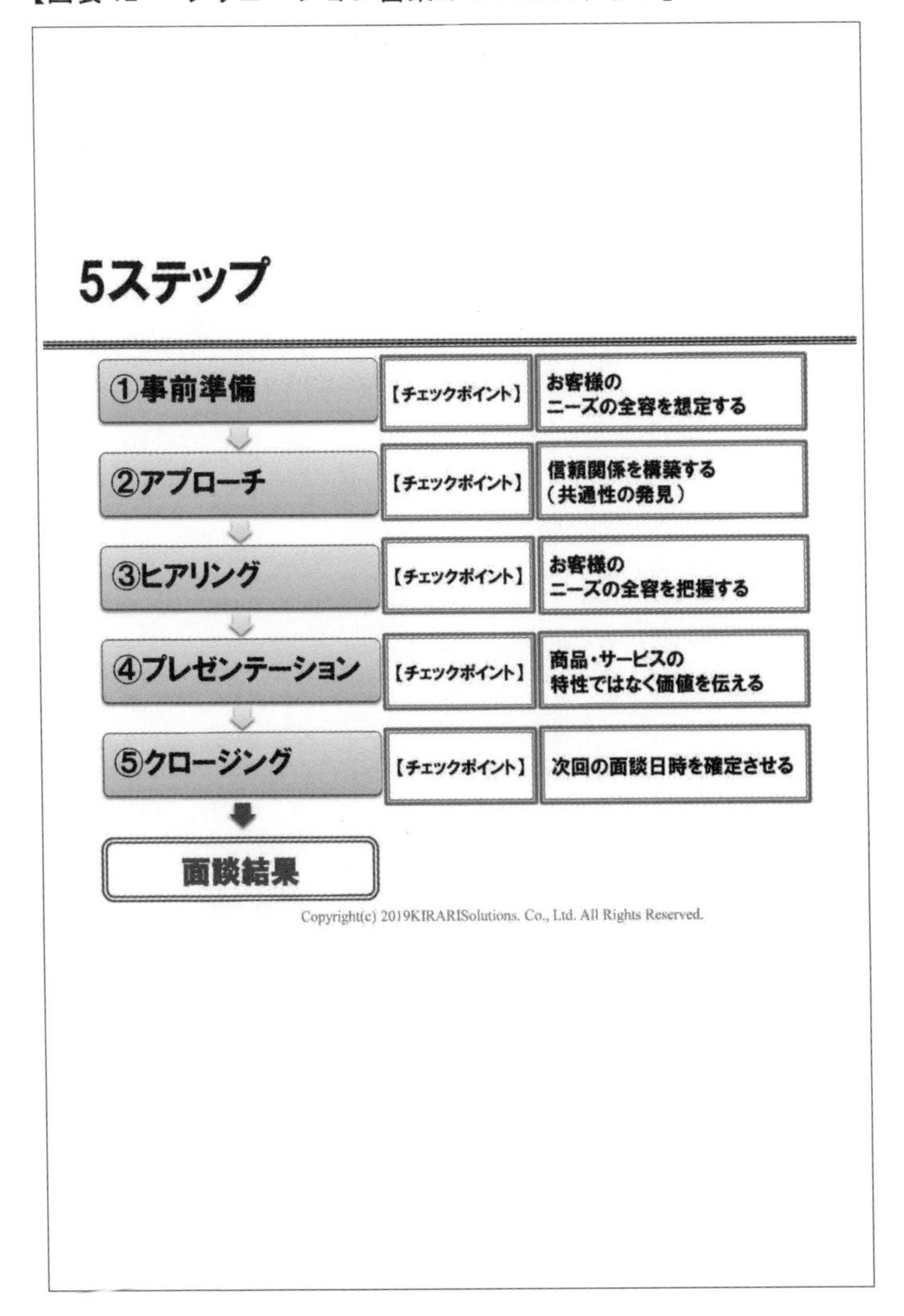

①　事前準備

最初のステップである事前準備。その目的とは、顧客の「ニーズの全容」を想定する点にあります。

飛込営業をする場合の目的は、キーマンを聴き出して、後日アポ入れをして、興味があれば面談日時を決めることにあります。

飛込営業で商品を売ることを目的にしてしまうと、営業マンは疲弊してしまいます。次回アクション（面談）につなぐことが目的であれば、営業マンも頑張れます。

その上で、面談前に相手のニーズを想定し、自社の商品やサービスが課題を解決できるという前提で、営業に臨むことができたらどうでしょうか。

想定が外れることももちろんありますが、成功の確率はアップするはずです。

理想とする面談・商談のゴール（自分自身のゴール）を設定すること。

ニーズを想定しながら類似のケースを準備し、懸念しそうな点にも備えをしていくこと。

そのためには、お客様の情報をできるだけ多く集める必要があり、集めた情報の量に比例して、事前の想定レベルがアップすることになります。また、当日の商談をスムーズに進めるためには、必要な情報は事前に提供しておくことも大切です。

②　アプローチ

次のステップは、面談／商談の入口としてのアプローチです。

この段階で顧客の信頼を獲得できるかどうかが、成功の大きなカギを握っています。

とはいえ、エッセンスの部分は基本的なことばかりです。ただし、いつも意識しておかなければ忘れてしまうものでもありますので、いかに意識できるかが重要になってきます。

例えば、笑顔で話す、身だしなみが整っている。

いきなり核心に切り込むのではなく、雑談的な要素も含めて自己開示をしっかり行う。それによって、相手も次第に心を開き、あなたが開示したのと同じだけの情報を伝えてくれる。

話をする際に意識すべきなのが、図表13に示したメラビアンの法則です。相手と対面で話すときにどのような点が強く影響を与えるのかを分析して示した理論になります。

言葉だけでは、思っていることがほとんど伝わりません。

それを話す人の口調や抑揚、さらにはジェスチャーなどといった非言語的（ノンバーバル）なコミュニケーションによって、伝わるレベルが大きく増すということです。

また、人の集中力は10秒までともいわれますので、最初の10秒が勝負となります。

ここに挙げた要素をフル活用して、この短い時間に信頼を獲得していきます。

③　ヒアリング

アプローチの際に相手の許可を取ることによって、ヒアリングに移ることができます。

許可もないままいきなり質問に入るのはＮＧですので、その点は心得ておく必要があります。

【図表 13　メラビアンの法則】

注）メラビアンの法則とは、これら3つの要素が矛盾した場合（例：厳しいことを言っているが、口調は穏やかで顔は優しい等）に、相手がどの要素にどれだけ影響を受けるかということ。言語より非言語が大事と言っているわけではない。

メラビアンの法則

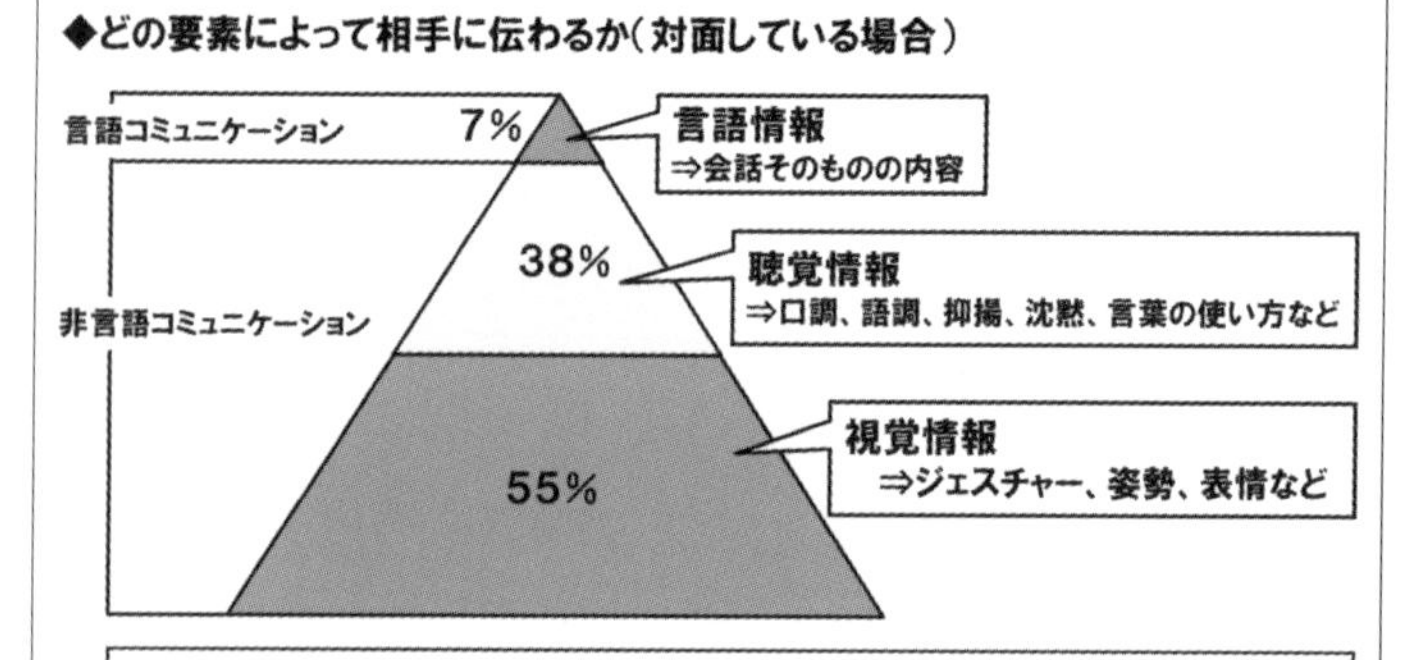

言葉の内容そのものよりも、それ以外の要素の影響が大きい

※メラビアンの法則：心理学者のアルバート・メラビアン博士（UCLA）が1971年に提唱した実証実験結果。

前掲の図表12にも示したように、ここでは相手のニーズの全容をしっかりと把握します。繰返しお伝えしてきたように、ここでいうニーズには、相手がまだ気づいていない、十分には言語化できていないものも含まれます。

それを適切に引き出すためには、アプローチで築いた信頼関係をさらに深めていきます。メラビアンの法則はここでも有効であり、あいづちや身振りなどによって、相手に対する共感をしっかりと示していくことができます。相手の言葉の意味を常に確認し、比喩なども使いながら、何が真のニーズであるのかを特定していくのです。

その際には、具体性のある言葉を用いて話を進めていく必要があります。「いつ」「どこで」「誰が」「いくら」などの言葉を活用することによって、あいまいさを排した具体的な商談を進めることができます。

あなたの会社と競合する先があるかどうかについても、この段階で把握しましょう。

なお、商談の内容は必ずメモに残すこと。これは必須だと心得てください。

④　プレゼンテーション

ニーズの全容を把握することができた段階で、ソリューションの提供に移ります。

会社として提供できる価値。それがいったいどのようなものであるか、相手が抱えている課題をどのように解決できるのか、それを明確に伝えていくことが目的です。

相手の悩みに対して、商品やサービスの素晴らしさをアピールしても意味がありません。

特に大切なのは、「どのように」の部分であって、相手の課題が解決に向かうプロセスを具体的に示していくことを心がけましょう。

これがうまく機能しないと、相手から不満を表明されることになります。

不満を解消するのは難しく、商品やサービスの内容へと踏み込む前に、説明の優先順位を間違えることなく、解決までの手順を適切に示すことで、不満が生じるのを防いでいく必要があります。

他方、説明が具体性を欠くことで生じるのが不審や誤解です。

ヒアリングのところでもお伝えしたように、できるだけ具体的な数字や事例などを示すことで、不審や誤解が生じるのを防ぐことができます。

これらの点に留意しながら、プレゼンテーションをしっかりと行っていきます。

⑤　クロージング

商談の最後に欠かせないのがクロージングです。

クロージングとは、単に終りの挨拶を交わすことではありません。そこには、商談を前に進めるための確かな戦略があります。ですから、「きょうはお時間をいただきありがとうございました」で終わっては、クロージングをしたことにはならないわけです。

ソリューション営業のクロージングには、必須の方法が存在します。

それは、話の最後を「いかがですか？」という問いかけで終えること。その上で、あえて沈黙の時間を設けることによって、相手の決断を促すこと。この2つを守ることが重要です。

この型のことを私は、「勇者のクロージング」と呼んでいます。

相手のニーズを正確に把握し、課題の解決を提供できる自信があるのであれば、あなたは立派な勇者としてクロージングに臨むことができるはずです。

仮に購入するという意思決定が引き出せなくても、商談は失敗ではありません。

ゴールに向けて着実に前へと進めていくこと。仮に最終的な意思決定に至らなくても、この次のステップを明確にすることによって、前進させることが可能です。

次の商談の日時を決める。それが決まらなければ、決めるまでの段取りを明確にする。

このような流れを自ら主導することによって、商談は確実にゴールへと近づいていきます。さらに、もう一歩踏み込む場合には、「仮にやるとすれば……」という前置きをして、具体的な話をすること。それもかなりの前進効果を発揮するはずです。

「いつでもどこでも誰でも」できるために

大切なのは、5つのステップのエッセンスを標準的な仕事のプロセスに落とし込むこと。そして、誰もが理解できる言葉で表現し、再現可能な手順にまとめていくことです。

しかし、それだけでは、必ずしも十分であるとはいえません。

ＰＤＣＡサイクルの重要性についてはすでにお伝えしたとおりです。

図表14にも示したとおり、真の意味での「見える化」を実現するためにも、ＰＤＣＡサイクルをしっかりと回していくことが重要です。

しかし、それよりも大切なのは、「見える化」された手順のベースには、会社としてのビジョンが存在していなければならないという点です。

ビジョンとは、すべての社員が守るべき行動規範であるとお伝えしました。その精神は、「見える化」においても十分に発揮されている必要があります。

私は、よく「仏像つくって魂入れず」という言葉を引合いに出します。

どんなに素敵な業務プロセスを考え出したところで、また、どんなに見栄えのよいマニュアルを作成したところで、核となるべきビジョンがなくては、会社としての魂を欠いてしまっていては、決して人の成長につながる「見える化」は実現しません。

どのような顧客の悩みを、どうやって解決していくのかが明確になっていること。

それがあなたの会社の強みとしっかりマッチしていること。

だからこそ、「人が育つ」仕組みの一環としての「見える化」が可能になるのです。

うまくいかない社長の多くは、この点を忘れてしまいます。

あなたは絶対に、そのような間違いを犯さないでください。

大切な社員の成長のために。そして、あなたの会社の価値をしっかりと守るために。

【図表 14 ビジョンをもとに「見える化」し、
PDCA サイクルを回して実践・改善へつなげる】

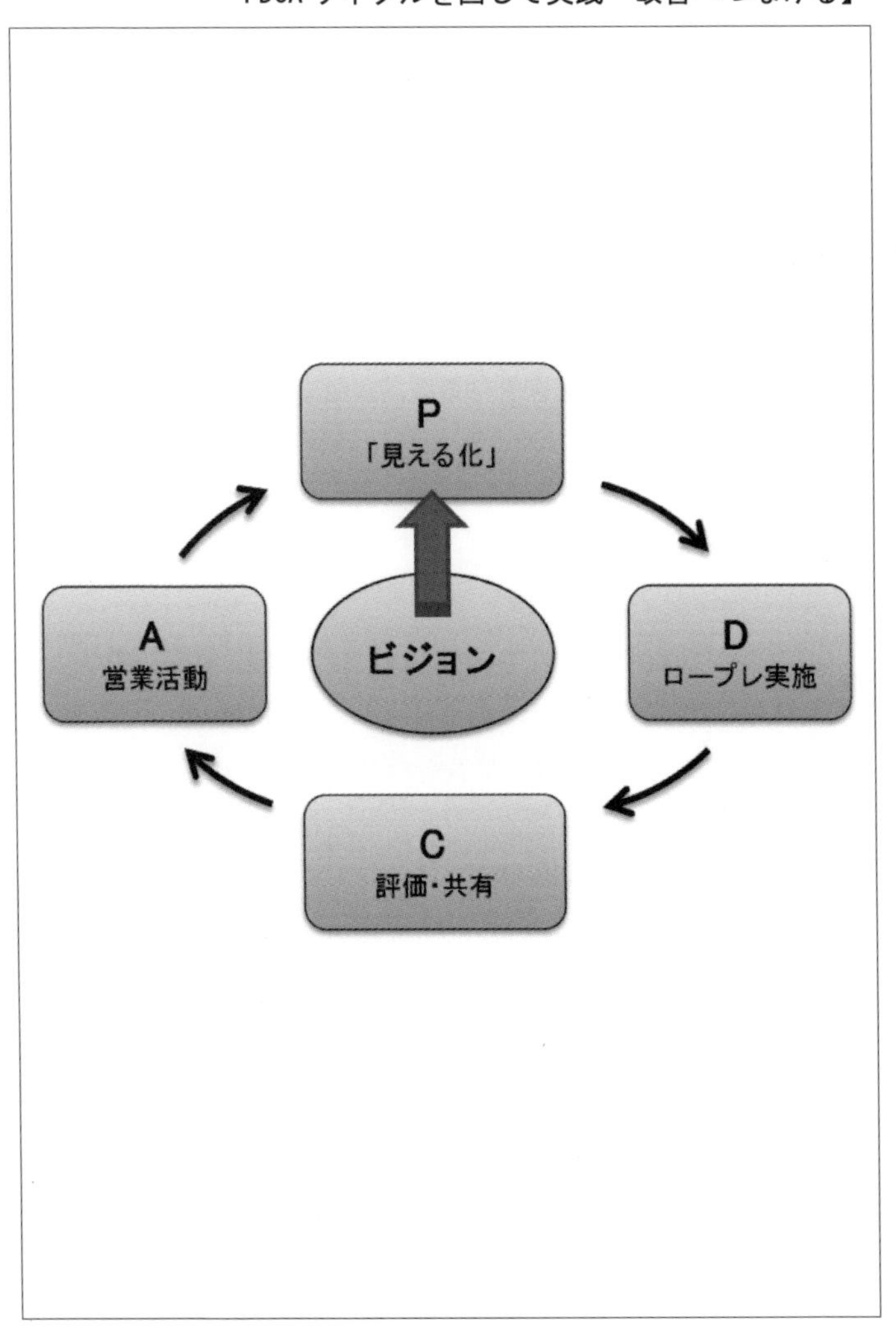

●第４章のまとめ●

□ 顧客は「価値」に対してお金を支払っている

だからこそ、あなたの会社がどのような価値を提供できるのかを、明確に示していく必要がある。

□ 企業としての価値を生むのは「人財」である

会社の価値は商品やサービスだけでなく、それを扱う「人財」の質に大きく影響される。「人財」こそが企業の価値の源泉である。

□ 社長が「教える」のではない。「共に育つ」意識が重要

「人財」の質が高まれば企業としての価値も高まる。だからこそ、「共に育つ」意識で成長のための仕組みを考えていく。

□ ビジョンを「見える化」し「いつでもどこでも誰でも」を実現する

課題解決のエッセンスを標準化・明確化し、誰もが再現できる形に落とし込んでいく。その根底にはビジョンが不可欠である。

第5章　「仕組み」③

「ファン化」によって成果へとつなげる！

【図表15　本章では「ファン化」について理解します】

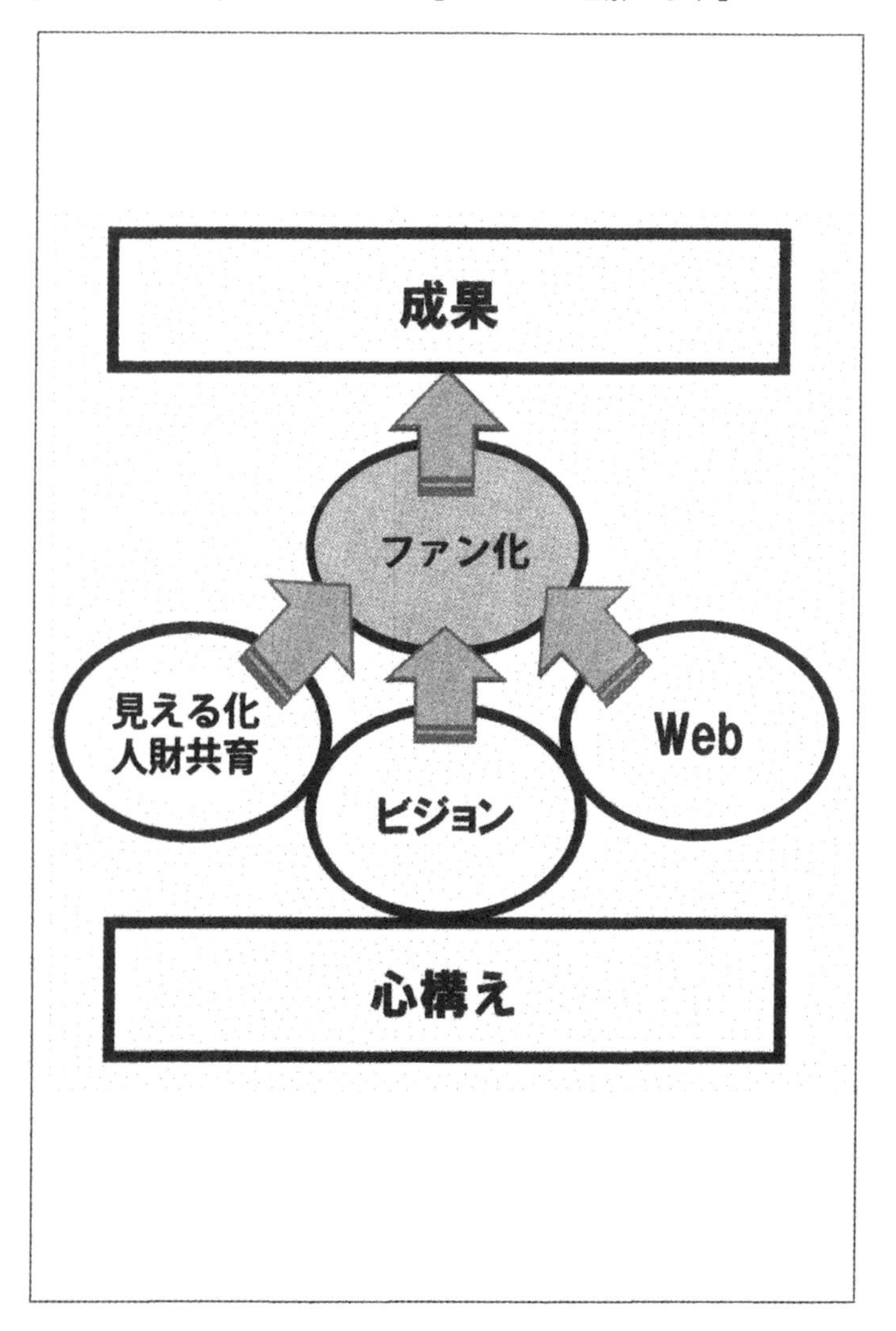

1　最高の営業ツールは「紹介」である

人は喜びを共有したい生き物

あなたは、自分がうれしい経験をしたとき、どんな行動を取りますか。

会社に戻ったあとは社員に、帰宅したあとは家族に、「きょうはこんなうれしいことがあってね」、笑顔でそんな話をしているのではないでしょうか。

私は、とてもシンプルにできているので、うれしいことがあるとすぐに誰かに話します。家に帰って家族に話すまでの時間がもどかしく感じられるので、仕事で会った人など、誰にでも自分の喜びを共有したいと思ってしまいます。

これとは反対に、誰かのうれしい話を聞いたときはどうでしょうか。

「中村さん、昨日、初受注したんです！」。

そんな話を若い方から聞かされると、私はまるで自分のことのようにうれしくなります。

誰かが笑顔になっていると、自分の表情も自然と笑顔に変わっていく。あるいは、自分がいつも笑顔でいれば、誰かを笑顔に変えることができる。

だからこそ私は、いつも笑顔でいるよう心がけています。

人は、往々にして、喜びを誰かと共有したい生き物です。

自分が幸せであるときには、他の誰かも同じく幸せであってほしい。そんな他人を思いやる心があるからこそ、人の社会はここまで発展してきたのだと信じています。

日本は、「おもてなし」の国と呼ばれますが、その根底には他人を思いやる心、誰かの喜びを自分のそれと同じように感じられる心、そして誰かの悲しみを自分の身に置き換えて感じられる心、そんな心があるのだといえます。

これを英語でいうと、「ホスピタリティ」という言葉になります。

私たちの持つこのような心の動きは、「ファン化」にとって非常に重要であるといえます。

「口コミ」が機能すると売上は飛躍的に伸びる

アマゾンや食べログのレビュー、あなたも参考にしたことがあると思います。

このような仕組みが採用されている背景には、今見てきたように、人は自分の喜びを誰かと共有したい、そんな心の背景があるといえます。自分にとってのお気入り、おいしかった料理、それらが自分以外の誰かのことも幸せにする。

それが、自分にとっても喜びであるからこそ、見返りがなくてもレビューを投稿する。

だからこそ、やらせのような行為は大きく非難されるわけです。

最近では、芸能人などを活用したステルスマーケティング（ステマ）が問題になったりもしますが、このような人の信じる心を逆手に取る行為は、あまりよい気持ちにはなれません。

少し話はそれましたが、この点はしっかりと確認しておく必要があると思います。

いわゆる「口コミ」が正しく機能すること。

それによって企業の売上は飛躍的に伸びるといえます。

どんなに優秀な営業マンでも、ソリューション営業のスキルをどれだけマスターしたとしても、24時間、３６５日働き続けることはできませんし、1度に2件の顧客を訪問することもできません。1人ができる仕事には、精神的・物理的な限界があって、それを無視して働かせると、会社にとってかけがえのない人財が壊れてしまいます。

しかし、「口コミ」によってあなたの会社の価値が拡散し、より多くの顧客が集まるとしたならばどうでしょうか。社員の負担を増やすことなく、自然と売上が増えていくことになります。こうした状態を生み出すことができれば、売上だけでなく、生産性もまた飛躍的にアップします。

まさにこの意味において、「口コミ」＝紹介は最強の営業ツールであるといえるのです。

しかし、消費者の側の感性が大きく変化しているのです。自ら意思決定し、その結果がよければ、仲間にも商品やサービスの素晴らしさを広げていく。自分で決めて自分で使える。

こうした点への配慮が欠けてしまうと、消費者の行動はあなたにとってマイナスの方向に進むことになります。

自分で選んだからこそ、その結果としての喜びだからこそ、人に伝えたい。

価値観の多様化する今の時代、こうした傾向は非常に強くなっているというのが実感です。

テクノロジーの進化による「拡散」の威力

そうなれば、これから進んでいくべき道は、自然と開けてきます。

あなたが目指すべきゴールは、たくさんの「口コミ」が集まる状況を生み出すことです。あなたが気づかぬうちに紹介の輪が広がっていく。そんな環境を整備することが何より重要なのです。

そのためには、時代の潮流について、正確に理解しておく必要があります。

特に、テクノロジーの進化については、最先端をきちんと追いかける姿勢が大切になってきます。すべてをあなた自身がマスターする必要まではありません。ですが、今どんなことができるのか。これからどんなことができるようになるのか。これはＷｅｂ活用にも通じる問題ですが、それらを知っておくことによって、さらに適切な仕組みを構築することができるわけです。

超情報化社会、あるいは「５Ｇ」の時代。そんな言葉を多く目にするようになってきました。

特に、後者が本格化すると、情報の伝達スピードが飛躍的にアップするといわれています。１人のファンの「口コミ」が、これまで以上にたくさんの人に、瞬時に届くというわけです。

「口コミ」によって新たな顧客が増えるかどうかは、基本的には確率の問題です。

つまり、届いた人の数に比例して、新規顧客の数も増えると考えることができます。

テクノロジーが進化することによって、これまでにないスピードで、しかも、あなたや社員にはほとんど手間がかからない形で、企業としての価値を多くの「見込客」に伝達することができる。それがすでにはじまっていることであり、これから確実に広がっていくことなのです。

ときとして、政治家や芸能人のトラブルがネットを騒がせます。あるいは、ちょっとしたコメントが「炎上」してしまい、謝罪や番組降板などを余儀なくされるケースも珍しくはなくなってきました。

ネガティブな話題ではありますが、テクノロジーの威力を知る上では参考になります。

この威力をぜひ、ポジティブな方向に活用していきましょう。

建設業界はテクノロジーに弱い。残念ながら、今はそれが現実でしょう。しかし、本書を1つのきっかけとして、これから変えていくことで、十分に対応が可能です。

拡散の威力をしっかりと理解すること、まずはその点を押えておきましょう。

ソリューション営業の本当のゴールとは

すでにあなたもお気づきのことと思いますが、ソリューション営業の本当のゴールとは、新たな顧客を獲得することまでではありません。

その顧客をあなたの会社の「ファン」に変えること。

そして、「口コミ」＝紹介の起点となり、さらに多くの顧客を生み出してくれること。

この状態を生み出すことこそが、ソリューション営業の真のゴールであり、そのために必要となる仕組みこそが本章のテーマである「ファン化」に他なりません。

いうまでもなく、すべての顧客がファンになってくれるわけではありません。

1度利用して満足を得られなければ、リピートの可能性は限りなくゼロに近づきます。満足の大部分は、商品やサービスにかかっていますが、決してそれだけではありません。それらが持っている価値を最大限に発揮し、できるだけ多くの顧客に満足してもらうためには、その上であなたの強固なファンになってもらうための確かな手法が必要になってきます。

この手法を理解するために、まずは「見込客」を「顧客」へ変えるところから見ていきます。これらは、ソリューション営業を補強する位置づけであると同時に、その次に見ていくことになる、顧客をファンに変えるステップにとっても非常に重要になってきます。

少し大胆な物言いになりますが、これからのビジネスは、ファンの存在にかかっています。

消費者とは、お金を生み出す道具であるかのように考える人たちもいますが、会社として提供する価値を真に理解し、それを多くの人と共有したいと思ってくれる。そのようなファンの存在は、人財と同じくかけがえのないものであるといえます。結果として、そのことがお金を生み出すことになるのです。

2　紹介してくれる顧客＝「ファン」を形成していく

「ファン化」のステップ1／「見込客」を「顧客」にする

ここでは、「ファン化」の最初のステップとして、「見込客」を確実に「顧客」へと変えていく方法について見ていくことにします。

少し面倒な言い方を許していただくならば、一口に「顧客」といっても、その言葉が表す範囲は非常に広いといえます。あなたの会社に価値を見出してくれた顧客もいれば、無関心に近い顧客、あるいは不満を持った顧客というものも想定することができます。

ここでお伝えしたい「顧客」とは、あなたの価値に共感してくれる人のことです。

そのような顧客をいかにつくっていくかという観点で、これからお伝えするステップについてご理解いただければ幸いです。

①　訪問・電話

訪問や電話によるコミュニケーションが営業の基本であることは、決して変わらないと私自身は考えています。

どんなビジネスであっても、最終的には人と人とのやりとりに帰着します。

直接対面して、言葉を交わし、商談を前へと進めていく。

すでに見てきたとおり、ソリューション営業は、顧客と対面することを前提としており、その際に必要となるスキルを標準化して誰にでも再現可能な形に整理＝「見える化」したものです。

顧客の抱える課題＝ニーズの全容を正確に把握すること。

その上で、解決＝ソリューションの内容をプロセスも含めてお伝えし切ること。

それらをしっかりと実践するからこそ、あなたの会社が提供する価値が顧客にも伝わり、そこに満足を覚えてくれる可能性が高まるといえるのです。

② DMやハガキの送付

次にお伝えするのが、ダイレクトメール（DM）やハガキの送付です。

Webの活用が重要な意味を持つ時代になったからといって、このようなアナログ的な手法が完全に否定されるということではありません。できるだけ多くの人にあなたの価値を届けることが、顧客を増やす秘訣です。そのための方法は、多いに越したことがありません。

「いや、多分、DMをたくさん見たからなんだよね」。

マンションに住んでいる知人が水回りのトラブルに襲われたとき、いつも郵便受けに入っていた水道トラブルを解決する会社のDMを真っ先に思い出して電話をかけた、私の知人の言葉です。

人は忘れやすい生き物でもありますので、記憶は重要な意味を持ちます。

そして人の記憶に残っていくものの多くは、繰返し与えられた情報です。テレビ等でのCMもこうした理由で何度も繰返し提供されているのです。

③ メールマガジンの活用

会社としてお伝えしたいことは、メールマガジンという形で提供することができます。最近では、動画による情報提供が主流になってきているともいえますが、あなたの会社に興味を持ってくれた人の中には、動画のあわただしさではなく、文字をゆっくりと読みたい人もいるはずです。

そのようなニーズに応えていくためには、メルマガは有効な手段であるといえます。

ＤＭやハガキについてお伝えしたことと重なってしまいますが、大切なのは「量」です。

あなたの会社の存在が、あなたという代表者の理念やビジョンが、届けることのできる価値が、できるだけ多くの人の目に触れること。メールマガジンで大切なことは、「質」より「量」なので、とにかく送ること。あなたの会社の存在を記憶から消されないことが一番の目的です。

そのためには、できるだけ多くの手段を持っておくのがよいということです。

④　ブログの活用

ブログのよいところは、あなた個人の想いを言葉にできる点です。

ＤＭやハガキ、メールマガジンという媒体において、主語は常に「会社」であって、残念ながらそこにあなた自身の顔は、あまり目立った形では登場しません。

もちろん、会社としてのビジョンは、しっかりと示すべきです。

しかし、そこにどれだけあなたの社長としての想いが反映されているのか。

そこまでを伝えられる機会は、なかなかありませんので、ぜひ社長個人としてのブログを開設し、あなたの「肉声」を文字にして届けてください。

経営者に対する親近感は、やがて共感へと近づいていくことでしょう。

⑤　ＳＮＳの活用

最後に、これからは決して避けて通れないＳＮＳの活用です。

Facebook や LINE を個人で活用している方は多いかもしれません。しかし、それをビジネスに活かすことができているかといえば、そこはかなり疑問が残ります。

会社としてのページやチャンネルを開設すること。

そして、可能であれば、動画を積極的に投稿していくこと。

文字では伝えきれないインパクトを一瞬のうちに伝えられるのが、動画の最大のメリットです。それをしっかりと活用できれば、相手に響く度合いが確実に高まります。

最近では、動画を作成してくれる会社もたくさんありますし、そこまで凝ったつくりではなくても全く問題はありません。大切なのは、やはり「量」なのです。

⑥　問合せへのていねいな対応

間もなく顧客になろうとしている人、顧客になるという意思決定をほぼしている人は、おそらくあなたの商品やサービスについて多くの問合せをしてくるはずです。

どんなビジネスでもそうですが、この問合せにしっかりと対応することが重要です。

問合せをしてくるということは、あなたの会社が提供するソリューションは、自分にとって本当に価値のあるものかどうか、わずかに疑問が残っていることを意味しています。

そこで親身誠実に対応できるか否かが、結果に大きく影響してくるのです。

契約間近だからといって油断は禁物。そこでぞんざいな対応をしてしまうと、顧客にはなっても将来的にファンへと育っていくことはありません。

つまり、「口コミ」＝紹介の可能性がほとんどゼロになってしまうということです。

ここまで積み重ねてきたものがムダになりますので、しっかりと対応していきましょう。

⑦　購買意欲の見極め

顧客にも様々な人がいるとお伝えしましたが、それは見込客についても同じです。

真剣に購入を考えている人から冷やかし半分で訪れた人まで。そのすべてに同じ熱量で接してはこちらの身が持ちません。

営業マンの役割は、売ることではなく、見極めることにあるといっても過言ではありません。だからこそ、見込客の購買意欲のレベルをしっかりと見極めます。

そうすることで、効果的・効率的なソリューション営業を実践することができ、成果についても当然アップすることができます。

この点については、追って詳しく見ていくことにしたいと思います。

【図表16　「ファン化」の２つのステップ】

【ステップ1】

「見込客」を「顧客」に変える

具体的には、以下の7つの方法を用いる
① 訪問・電話
② DMやハガキの送付
③ メールマガジンの活用
④ ブログの活用
⑤ SNSの活用
⑥ 問合せへの丁寧な対応
⑦ 購買意欲の見極め

【ステップ2】

「顧客」を「ファン」に変える

上記①～⑦を愚直に繰り返すことが重要
特に②～⑤による情報提供は、「顧客」が
購入したあとも継続して行う

「ファン化」のステップ２／「顧客」を「ファン」に変える

このように項目立ててしまうと、何か特別なやり方があるように見えるかもしれません。

ですが、結論から先にいってしまうと、「顧客」を「ファン」へと変えていくために必要なのは、ステップ1で見てきた7つの工程を愚直に繰り返していくこと以外にはありません。

購入いただいたあとには訪問や電話で感謝の意を伝える。さらに、どんなソリューションかを改めて説明し、残っているかもしれない疑問を完全に解消する。そこまでの取組みが必要になってきます。

疑問を完全に解消できたということは、そこに大きな満足を見出したということです。

また、②〜⑤の情報提供は、購入いただいたあとも継続して行っていきます。

さらに、これまでの購入実績を踏まえて見極めを行い、重要な顧客には接点を持つ頻度を多く、スパンも短く設定していく必要があります。継続的にニーズを把握し、課題とソリューションとがマッチしたタイミングで、次の案内をしていくことになります。

そこにはもちろん、「紹介したい先がある」という情報も含まれていることでしょう。

3　ファンはビジョンへの「共感」によって生まれる

消費者の意識は確実に変化している

先ほど見たステップ2は、もちろん重要な「ファン化」の手法です。ですが、それよりも大切なのは、会社のビジョンに対する心からの共感だと考えています。

顧客の心に確かな共感があるからこそ、前項で見てきた2つのステップが十分な効果を発揮し、「ファン化」への道を確実なものにしてくれるのです。

その背景には、消費者の意識が大きく変化しているという事実があります。

この変化がどのようなものであるかを理解しておかない限り、消費者の心に訴えるビジョンの「見せ方」＝仕組みづくりは不十分なものとなってしまうでしょう。

例えば、少し前までは、企業とは上げた利益の額によってのみ評価されていました。

大きな会社ほど社会的な信用度も高く、さらに多くの人が利用するようになる。

利益とは、企業にとっての力の源泉であり、だからこそほとんどの企業が、規模の拡大、ないしは利益の増加を目指して努力を重ねてきたわけです。

ですが、その過程で多くの問題が生じるようになりました。

コストを下げるために、途上国の人々を低賃金で働かせる。人件費や時間等を節約するために、必要とされる作業工程を勝手に省いてしまう。あるいは、従業員にサービス残業を強いる。

そのようなモラルに反する行為が露見する中で、利益を過度に追求する姿勢には、消費者から大きな疑問が寄せられるようになりました。

また、環境に対する負荷も問題視されるようになってきました。

地球の資源に対して配慮している企業と、そうでない企業との間には大きなギャップが生まれ、消費者は圧倒的に前者のスタンスを支持しています。加えて、人種差別を助長する企業などにも、多くの厳しい目が向けられるようになってきました。

利益だけを追求していればよい時代は、確実に過ぎ去りつつあるのだといえます。

「何を」売っているかに加えて、「どのように」売っているかが大切

昨今の消費者のスタンスをもとに考えると、次のような言い方もできるといえます。

これからの企業は、「何を」売っているのかも大事ではあるが、それと同じくらい、それ以上に「どのように」「どのような意義」を売っているかも問われるようになってくる。

不正やハラスメントなど、人財を粗末に扱うようなことはあってはいけない。

利益を優先するあまり、取引先など会社以外の人に不利益を与えてはいけない。

過剰な利益追求によって、環境破壊を推し進めるようなことがあってはいけない。

ここに挙げたのは、もちろん代表的な例に過ぎませんが、ビジネスを進めていく上での考え方や言動などのあり方が、これまでになく厳しい視線に晒されていることは確実です。

特定の民族に対する人権侵害が問題視される国から材料を仕入れている。そんな企業に対して、様々な理由があって大きく報道はされませんが、それでも厳しい声が出るようになっている。これは非常に大きな時代の変化だと私自身はとらえています。

このような変化は、あなたの会社にとっても決して他人事ではありません。

グローバル化と少子高齢化が同時に進んでいく日本の社会にあって、外国人労働者が増えるのはもはや既定路線であるといえます。

あなたの会社が、そのような外国から来た人財とどのように向き合うのか。

多様性や人権に対する配慮がしっかりとできているのか。

それができていなければ、どんなに素晴らしい技術を持っていても、どんなにていねいな応対を繰り返したとしても、消費者の共感を得ることは難しいでしょう。

あなたが構築していく仕組みの前提には、確かなビジョンがあります。

そのビジョンが万が一にもモラルに反していることなどないと信じていますが、基準となるのはあなた自身ではなく消費者の視点です。自分では大丈夫だと思っていることに、消費者も同意する保証はどこにもありません。

だからこそ、今1度、ビジョンについて確認をしてください。

そして、それをこれからどう見せていくのか=仕組みに載せていくのかについても、しっかりと検討を重ねてください。

ＳＤＧｓに代表される社会的な課題

ビジョンの見せ方を検討する際に参考になるのが、ＳＤＧｓなどが掲げる社会的な課題の解決に貢献する姿勢であるといえます。

【図表 17　　ＳＤＧｓが掲げる 17 の目標】

出所：外務省ホームページより

ＳＤＧｓとは「Sustainable Development Goals（持続可能な開発目標）」の略称で、２０１５年に国連サミットで採択されました。ご存知の方も多いと思いますので詳細は割愛しますが、大きくは貧困や差別、エネルギーなど世界的な課題について17の目標を設定し、それを２０３０年までに解決するというものです（概要は図表17に整理しましたので、よろしければご確認ください）。

国連などというと、あなたのビジネスには全く関係ないと思うかもしれません。

ですが、例えば目標5が掲げる「ジェンダーの平等を実現しよう」などは、女性の活躍推進をさらに強化していくべき日本のスタンスとも大きく重なっています。

あなたの会社で女性が活躍できていること。それをこれから目指していくこと。

それは明らかに、消費者の共感につながるビジョンの見せ方です。そのような観点から見せ方を考えていくことが、これからは特に重要になってくるということです。

課題解決につながるビジョンは多くのファンの共感を呼ぶ

あなたのビジョンが社会的な課題の解決としっかり結びついていること。

それを明確に示し、実現するための手段＝仕組みをしっかりと構築していくこと。

例えば、男社会の建設業界において、女性が第一線の営業社員として活躍している場合には、仮にＳＤＧｓという言葉がすぐに浮かばなかったとしても、時代に先駆けた取組みをしている、女性の社会進出にしっかりと配慮している企業というイメージが確実に伝わります。

あるいは、あなたの会社の工法が環境にも非常にやさしいとすれば、それを利用する顧客には、安心と信頼が生まれることになるでしょう。

繰返しお伝えしてきたように、一番に考えるのは顧客の課題の解決です。しかし、自分が利用するソリューションが人権を侵害し、環境に負荷をかけていると知ったら、顧客の心には不満だけではなく、強い後悔の念が浮かぶことでしょう。

事前に知っていたら購入を控えるだけで済みます。しかし、あとになって知らされたら、あなたの会社に対する強い不信感が生まれます。よい評価も「口コミ」で伝わりますが、悪い評価についても同じことがいえます。強い不信感は「炎上」へとつながる危険性が非常に高いといえます。

そんなことになれば、これまでの努力が完全に水の泡になってしまいます。

4　「Ｗｅｂ」と「人財」をフル活用し、「ファン」をしっかりと組織していく

デジタルとアナログの使分け

少し話が大きくなってしまいましたので、ここからは現実的な問題に軸足を移していきます。「ファン化」を進める上で必要なのは、見込客のフェーズに応じて、デジタルとアナログを十分に使い分けることだと考えています。デジタル手法の中心には、もちろんＷｅｂがありますし、ア

ナログ手法を支えているのは人財です。

これらが共にしっかりと機能することによって、ビジョンに共感する顧客が増え、共感した顧客は確実にファンへと成長していきます。

2つの手法をもとに、使分けの仕組みをつくることが、成功への最後のカギとなります。

本章で繰返しお伝えしてきたように、人間ができることには限界があります。人財の物理的な限界を押し広げるツールがWebであり、Webの限界をさらに超えていくことができるものが、ファンによる「口コミ」=紹介の力なのです。

そして、これら3つの仕組みがしっかりと機能するためには、あなたの「心構え」を基礎としたビジョンが必要であり、ビジョンは社会的課題の解決と結びついたときに多くの共感を呼びます。

使分けのベースとなる考え方については、図表18に整理しています。

それを確認した上で、さらに2つの手法の活用について掘り下げていくことにします。

デジタルが活きる場面とは

デジタル手法を活用すべき場面とは、見込客の温度がまだホットではないフェーズです。

図表18には書いていませんが、ホームページを活用した呼込みが必要になるのも、契約意思はまだなく、情報収集や興味関心のレベルにある見込客に対してです。

ここで意識すべきなのは、最低でも3か月、できれば1年というスパンで、継続的に情報提供を

【図表 18　見込客のフェーズ別フォロー方法】

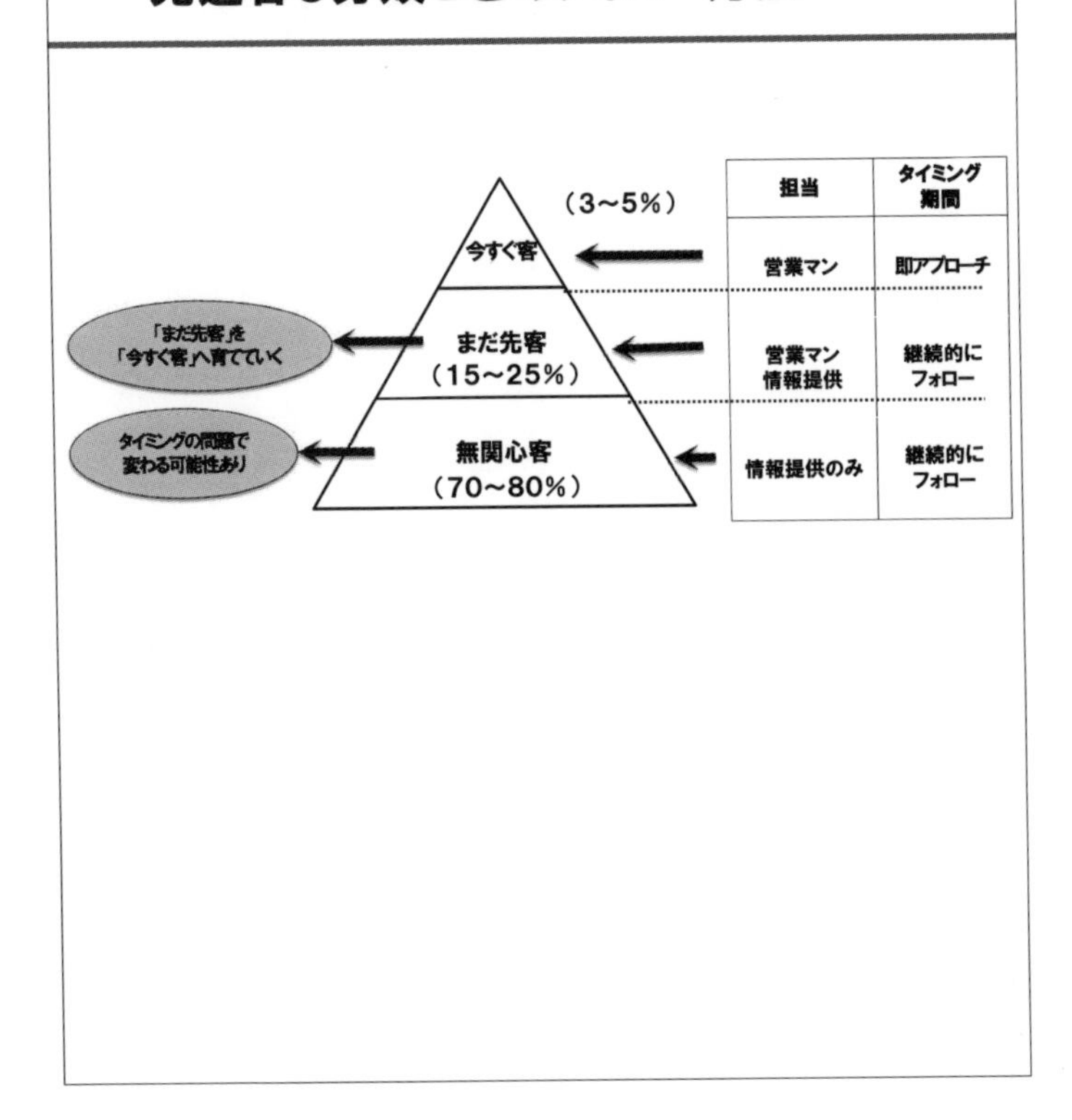

行っていくことです。

メルマガを定期的に送付する。ブログを更新したときはその旨を伝達する。SNSのフォローを依頼し、日々の会社の動きをこまめにお伝えしていく。

それらを継続することによって、あなたの会社に対する関心を高めていきます。

関心の度合いを高めていくには、やはり情報の「量」が力を発揮します。ふと思い立ったときに、あなたの会社が一番先に思い浮かぶ。

見込客の記憶にフックをかけるのは、継続的かつ一定量の情報に他なりません。

そのためには、できるだけ多くのデジタル媒体を活用して、ビジョンやソリューションの方法、あなたの会社が提供できる価値を繰返し伝えていくことが必要不可欠です。

この種の情報は、提供したからといって、すぐに反応が返ってくるものではありません。

ほとんどの情報は、放り込んだまま誰にも回収されることなく記憶の底に沈んでいきます。

それでも、「継続は力なり」と信じて、諦めることなく継続していく姿勢に意味があるのです。ターゲットは、明確に絞り込みながらも、時間をかけて「量」の投入を心がけていきましょう。

アナログが活きる場面とは

アナログが活きる場面とは、まさに見込客が顧客へと変わる瞬間です。

私は、そのフェーズにある見込客のことを「今すぐ客」と呼んでいますが、これは1か月以内に契約する意思を持っていると判断された人たちを指しています。デジタルについても同じですが、見込客がどのフェーズに位置しているのか、その見極めを誤ると、活用すべき手段の効果もまた失われてしまいますので注意が必要です。

「今すぐ客」に対しては、熱が冷めないうちにアプローチする必要があります。

まさに今すぐ、可能な限り速やかにアポを取り、ソリューション営業のアプローチに移ります。改めてニーズの全容を把握し、課題をヒアリングし、最適なソリューションについてプレゼンする。「見える化」されたスキルを最大限に活用し、人財が熱のこもった働きかけをすることによって、「今すぐ客」は今すぐ顧客へと変わっていってくれるわけです。

すでにお気づきのこととは思いますが、「今すぐ客」とは、厳選された3～5％の存在だからこそ、物理的に限界のある人財によるソリューションが可能になるのです。

たくさん売りたいからと、誰でも彼でも「今すぐ客」に分類してしまっては、人財がすぐに疲弊し、成果につながることはありません。多くの経営者が誤るのはこの点です。

どちらも根底にあるのは不変のビジョン

デジタルであれアナログであれ、あるいは、その中間に位置する「まだ先客」への対応を含めて、その根底には不変のビジョンがしっかりと備わっていなければなりません。

ソリューション営業も、電話も、ＤＭも、メルマガも、ブログも、ＳＮＳも、すべてあなたの会社の価値を伝えるための「手段」に過ぎません。

他方、「目的」は、顧客に対して確かな解決を提供すること。それがあなたの会社の価値であり、対価の対象となっていくものです。

この価値を提供するために、あなたの会社の理念があり、そしてビジョンがあるわけです。つまり、目的とは、ビジョンそのものなのだといって差支えありません。

だからこそ、会社の価値は、一重にあなたのビジョンにかかっています。

あなたが社長としてなすべきことを「心構え」として定め、自分ではそれをしっかりと体現し、会社としてはビジョンの形で示していくことが求められています。

そのビジョンを実現するために、「Ｗｅｂ」「見える化（人財共育）」「ファン化」という3つの仕組みが存在するのです。

ここで改めて、この関係性をしっかりと理解しましょう。

あなたの「心構え」、それに基づくビジョン。これらは常に不変のものです。

時代の変化、競争環境の激化、テクノロジーの進化。これらの変化を察知し、常に「仕組み」を更新し、どんなときも成果を上げ続ける会社を実現していくこと。

あなたが社長としてやるべきことが、整理できたでしょうか。

それを実践した社長には、きっと強固なファンがつくことでしょう。

そんな素敵な将来を描きながら、きらりと輝く毎日に向けて取り組んでいきましょう。

【図表 19　「Web」と「人財」で「成果」につなげる】

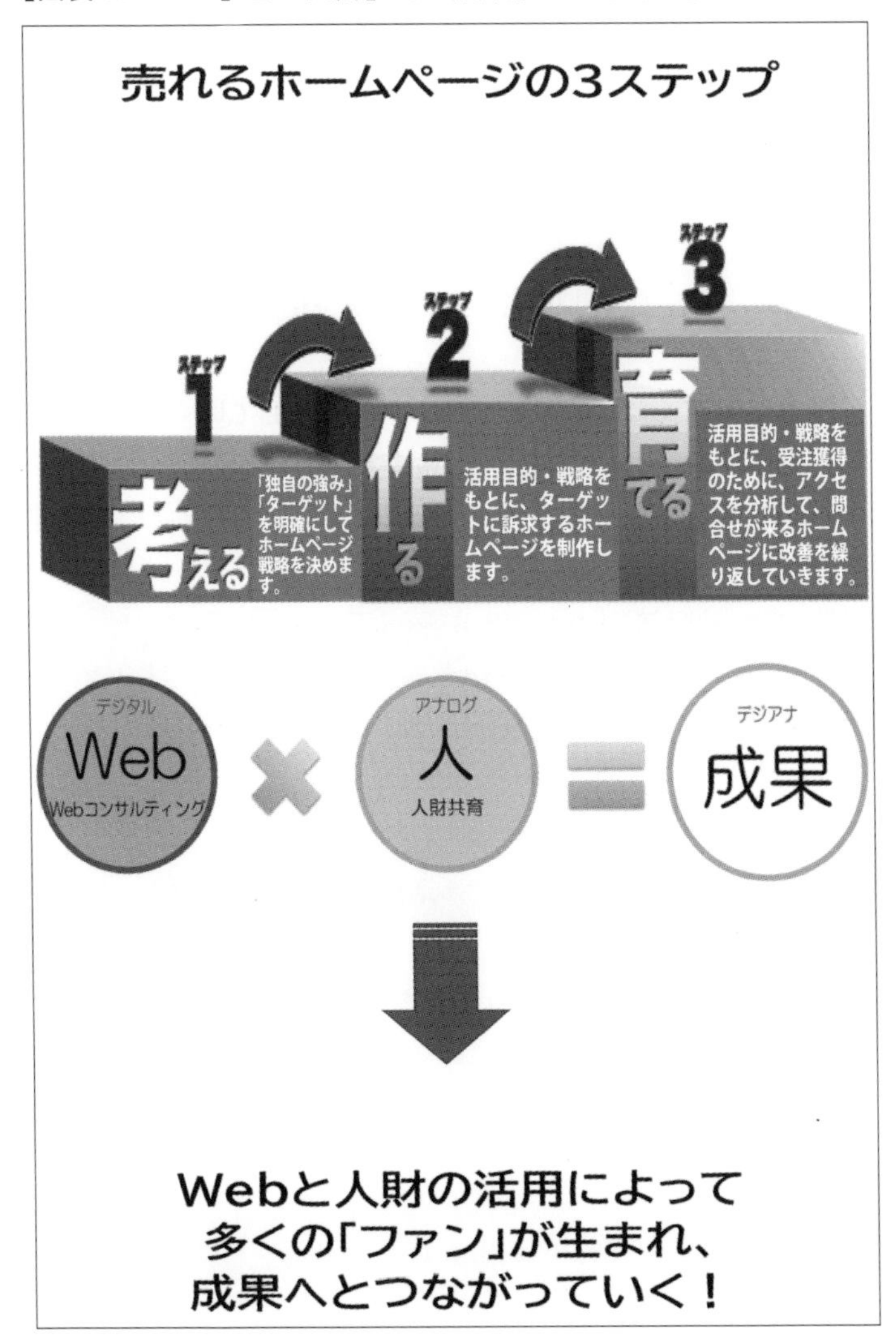

●第５章のまとめ●

□ 最高の営業ツールは「紹介」である

Ｗｅｂと人財という２つの仕組みの限界を超えていくものこそが、第３の仕組みとしての「ファン化」である。

□ 紹介してくれる顧客＝「ファン」を形成していく

多くのファンを生み出すためには、見込客の段階から、すでに適切なアプローチを行っていく必要がある。

□ ファンはビジョンへの「共感」によって生まれる

自分の課題解決だけでは顧客のままでとどまる。社会的な課題を解決する企業のビジョンには共感が生まれ、ファンへと至る。

□「Ｗｅｂ」と「人財」をフル活用し、「ファン」をしっかりと組織していく

フェーズを見極め、Ｗｅｂと人財を適切かつ十分に活用する。２つのアプローチの根底には不変のビジョンがある。

第6章

「心構え」と「仕組み」で きらりと輝こう!

1　成功した企業のケーススタディ／株式会社尾鍋組の取組み

ここでは、本書がお伝えする観点を取り入れ、成功した企業の実例を紹介します。

ビジョンの明確化から3つのステップを構築していく流れのすべてを、詳細にお伝えすることはできませんが、参考になる点は豊富に含まれています。

今からご紹介していく株式会社尾鍋組は、世界初の画期的な地盤改良技術を開発した公共土木工事会社で、私がコンサルタントとしてご支援させていただいている先でもあります。

自然石のみを用いた環境負荷の少ない地盤改良技術「エコジオ工法」を普及することで、社会に貢献し、事業に関わる全事業者の経済的発展に寄与するという明確なビジョンを仕組みと結びつけ、今では全国に48社・55拠点の施工代理店ネットワークを構築し、３１５８社を超える住宅会社に採用され、２万１１３８件（２０２１年3月末現在）の施工実績を誇るまでに成長しました。

その取組みの概要をお伝えすることで、あなたがこれから進んでいく道に、少しでも役に立つ何かをつかんでいただきたいと思っています。

何をビジョンとして定め、どんな社会課題を解決し、顧客にどんな価値を届けていけるのか。これらは、あなたがしっかりと考えていくべき課題です。

課題解決に向けた、１つの参考としていただければ幸いです。

過疎化が進む地域でわずか14名の社員で全国展開

そんな尾鍋組の本社は、三重県松阪市飯高町にあります。

飯高町は、人口わずか３５００人の小さな町で、過疎化がとても進んでいます。

毎月、訪問させていただいていますが、これからの日本の地方の未来を象徴しているかのように感じています。そんな中で、しっかりと活躍している会社があるということ。これからも地方を基盤として活躍していく会社にとっては、尾鍋組の存在は大きな光になることでしょう。

今の社長は二代目で、お父様である先代が公共土木工事会社として起業されました。尾鍋社長の言葉をそのままお借りするならば、「俗にいう田舎の土建屋」とのことです。

尾鍋社長が会社を引き継いだとき、１つの大きな危機感を抱きました。

これからの社会の変化、経済成長の鈍化といった状況に鑑みたとき、今までの事業を同じように続けていくだけで本当によいのだろうか。

そんな折に、縁あって、住宅の地盤改良のフランチャイズに加盟することになり、新たな事業に取り組むことになります。それが地盤改良の仕事を本格的に始めるきっかけになったのですが、開発元がまさかの倒産。

途方に暮れる中、国立大学の教授、地盤改良装置の製作会社の社長と偶然にも出会い、国立大学と共同で、社員わずか14名の会社が、紆余曲折、幾多の困難苦難を乗り越えて、後述するとおり絶対に不可能だといわれた世界初の地盤改良技術が完成したのです。

【図表 20　尾鍋社長の著書】

不可能だといわれた技術開発を可能にすることができるまでのいきさつには、奇跡のような偶然の物語があるわけですが、その詳細は尾鍋哲也社長の著書『地盤改良イノベーション　地方の土木会社が挑んだ17年の軌跡』（合同フォレスト刊・図表20）をご参照ください。

今では、全国展開するまでに成長を遂げています。

地方に根を置きながらも、やり方次第では、そんな展開も決して不可能ではないということです。

さらに、その根底には、社長自身の社会貢献に対する強い想いがありました。

確かな「心構え」をビジョンとして明確化し、仕組みと結びつけることで、全国各地にある施工代理店とネットワークを構築し、「エコジオ工法」を全国に広げています。

私が支援させていただいて８年、当初の年間施工実績２６４件は、前年度４０９０件（約15倍）にまで成長してきました。しかし、尾鍋社長はこう言います。「まだ成功したわけではない、やっとスタートラインに立っただけ。これからが本当の勝負。これから更に全国の施工代理店と力を合わせてビジョン達成に向けて成長していく」と。

ＳＤＧｓへの取組み

今でこそＳＤＧｓが当たり前のように語られていますが、当時はそんな言葉はありません。

それでも、尾鍋社長は、「環境と経済を両立できるこれからの社会に必要な技術」への確信から、その技術を実現しました。その背後には、強い信念と使命感がありました。

目の前のことだけを考えて工事をするのではなく、未来の子どもたちのために今を使う。そのためには、地球環境にやさしい地盤改良工事を行っていくこと。その土地が将来も持続的に活用し続けられることが必要になってきます。

尾鍋組が実現した「エコジオ工法」とは、ＳＤＧｓの取組みそのものだったわけです。

この工法がもたらす「価値」について簡単にお伝えします。

「エコジオ工法」という名前は、「エコ（地球にやさしい）」と「ジオ（地盤）」とを組み合わせて生まれました。先ほどもお伝えしたとおり、エコジオ工法で用いるのは自然石のみで、セメントや鉄の杭といった人工物を一切使いません。人工物ではないので、地中に残っても環境への負荷となることはありませんし、土地を汚染することもありません。

持続的な土地の活用を可能にすることで、土地の価値をしっかりと守ることができます。誰もがその土地を安心して活用できるということです。

まさにＳＤＧｓ時代の地盤改良工法といって差支えありません。

尾鍋組の事業は、「地球にやさしい」「自然石」「エコ」「土地の価値」といった、環境にやさしいキーワードが並んでいる点が特徴的です。

本書は、「風の時代」への変化をビジネスモデルを変える1つのきっかけと理解していますが、これらのキーワードは「風の時代」とも強い親和性を持っています。

ただ利益だけを追求するのではなく、環境・土地の価値を守る＝社会的課題の解決につながる＝世の中のためになる事業であること。その結果として、関連する全事業者の経済発展に寄与すること。

企業に対する評価の基準もまた、これからは大きく変わっていきます。

これまでのように、多くの利益を上げている＝優れているという観点から、「社会的課題の解決」「地球にやさしい」「エコ」なビジネスを行っているといった観点へ、企業評価のポイントは確実に変化していきます。

だからこそ、時代の変化を予測し、それに適したビジョンを示していくこと。

ここまでお伝えしてきた内容は、まさにそれを体現したものであり、そのビジョンが「仕組み」と強固に結びついたことで、地方に基盤を置きながらも、全国展開を可能にしたのだといえます。

ビジョンと「仕組み」の結びつきがいかに大切であるかを、ご理解いただければ幸いです。

「地盤女子」の活躍

「地盤女子」とは、私がネーミングしたのですが、この業界で活躍する女性を表したものです。

土木（地盤事業）の業界は、長きに渡って「男子の職場」というのが常識であり、現場の仕事はもちろんのこと、特に営業の仕事は男子の占有率が非常に高い現状にありました。

これは、令和の時代になってもほとんど変わっていません。

もちろん、実際の業務は、女性でもできます。「男子の世界」というのは、ただの思込みのようなものでしかないのですが、そこから簡単には抜け出すことができずにいます。

「女性の活躍推進」や「ダイバーシティ」という言葉が語られる現代。

土木の世界もそれを実現していくべきであるのはいうまでもありません。この点について、私は、特に強い問題意識を持っていました。

そんな問題意識を現実へと変えてくれているのが、尾鍋組のネットワークです。

ネットワークに参加しているいくつかの施工代理店で、すでに女性の活躍が始まっています。

営業面でも、高い折衝能力と顧客対応力を発揮し、大きな成果を上げ始めています。

相手のニーズを正確に把握するためには、こちらの思いを一方的に伝達するのではなく、相手の言葉にしっかりと耳を傾け、ときには共感を示しながら、受け止めることが必要になってきます。

こうした配慮は、女性のほうが明らかに得意で、それが結果につながっているのだといえます。

「ダイバーシティ」という言葉は、「多様性」と翻訳されます。

多様性がある組織は、いろいろな考え方が集まって1つの問題を解決していくことによって、解決の内容がどんどんブラッシュアップされていきます。

だからこそ、女性の活躍は、組織のアウトプットの質を高めるということができます。

男性と女性を比較して、「どちらが優れているか」という議論には、全く意味がありません。どちらにも他にはないよさがあります。お互いのよさをしっかりと組み合わせていくことによって、これまで以上の解決が可能になるということです。

それは、いうまでもなく、土木の営業の世界にも当てはまります。

これからは、女性の視点が益々大切になってきます。「やさしさ」「エコ」「共有」「コミュニティー」「喜び」など、女性的なキーワードが主流になってきます。

この流れに乗って、ネットワークの中で活躍する女性は、確実に増えていくことでしょう。

私もその取組みを全力で支援していきたいと思っています。

ここまで、尾鍋組の取組みの概要をお伝えしてきました。

本当は、個々の「仕組みづくり」についてもお伝えしたいことがたくさんあるのですが、本書では到底お伝えしきれません。

社長が、確かな「心構え」をもとにビジョンを明確化すること。

それが「仕組み」と結びついたときに、大きな成果が生まれること。

尾鍋組の取組みの概要から、確実に成果へとつながる本質を感じていただければ、私としても大変ありがたく思います。

あなたのこれからの取組みの参考になることを心から願っています。

2　「個」が自信をもって輝ける時代

「風の時代」は「個」が輝く時代

冒頭でお伝えした「風の時代」への変化。

その意味をここで改めて確認したいと思います。この新しい時代を、あなたが今からの仕事にどのように活かしていくべきなのか。そんな「心構え」の問題を考えていきます。

確かに、「心構え」とは、決して変わることのない普遍的なものです。

だからこそ、それをどのように見せていくべきなのか、核となるビジョンから3つの仕組みへとどのように落とし込んでいくのかが重要になってきます。

1つ前の「地の時代」においては、個人よりも社会、国、世界といった形で、より大きなものを目指す空気が非常に強かったといえます。ビジネスについていうならば、会社は大きくなるべき、より多くの利益を上げた会社が勝者、そんな表現になるでしょうか。

「質」よりも「量」の時代、という言い方もできるかもしれません。

ですが、「風の時代」は、「個」が輝く時代です。

大量消費社会の始まりのように、誰もが同じものを求める＝画一的な発想に陥るのではなく、自分にとっての価値を重視する。自身の課題を解決してくれる商品やサービスを追求する。それがこれからの時代の消費者の思考です。

それは、つまり大量の消費者を追い求めずともビジネスが成り立つということです。

会社を大きくすることももちろん大切です。利益の額を追い求めることも大切です。

しかし、あなただけが提供できる価値を、本当に必要としている顧客のもとへしっかりと届けることの積重ねが、結果として会社を大きくし、利益を生んでいくのだと思います。

それが「風の時代」における企業のあり方です。

もちろん、大企業については、事情が別です。

本書の主題からは外れてしまいますので詳しくは書きませんが、大企業とは、できるだけ多くの「個」をかき集めてきてビジネスを行う必要性に常に迫られています。

だからこそ私たちは、大企業とは異なる道を、自信を持って歩んでいくことでよいのです。

「個」と「個」の間でビジネスが成り立つ

消費する側は、自分だけの＝「個」としての価値を追求する。

供給する側も、自分だけの＝「個」としての価値を提供する。

つまり、「風の時代」とは、「個」と「個」の間でビジネスが成立する時代です。

これまでのように、大企業がたくさんの「個」＝「大衆」を相手に商売するのではなく、小さな企業であっても、「個」がそれぞれに抱える課題と向き合い、確かな価値を届けることによって、大きな成果を上げられるようになったのです。

とはいえ、小さな会社が無条件で勝てるわけではありません。

追い風をしっかりと自分の味方にして、これからの時代を勝ち抜いていくためには、あなた自身の価値＝強みを明確化し、それをわかりやすく打ち出していく必要があります。

その具体的な手法については、すでに繰返しお伝えしてきましたので、詳細は割愛します。

新しい時代には、新しい時代ならではの打出し方がある。

その中核を担ってくれる仕組みがＷｅｂでした。テクノロジーの進化から目を背けることなく、仕事のプロセスに取り込んでいってください。

輝く仕組みの第一歩は、そこに光があることを知らせる点にあるのですから。

だからこそ、自分だけの価値に自信を持つ

あなただけの強みは、その輝きをしっかりと示していくことができます。

大企業に比べて体力がない。ノウハウも少ない。社会的な信用度も劣っている。

もしもそんな悩みを抱えているのだとしたら、全部を今すぐ捨ててください。それらはすべて過去の時代の遺物にすぎません。

体力がある＝図体がでかいことは、先ほどお伝えしたとおり、生きにくさにつながっていきます。

ノウハウの「量」よりも「質」で勝負していくことが大切になってきます。

社会的な信用度ではなく、あなたの価値を求めている「個」としての消費者からの信用度です。

あなたはここまで、今の会社を育ててきました。

すでにいくつもの荒波を乗り越え、ここでまた時代の変化という波を乗り越えようとしています。

これまでに積み重ねてきた実績は、絶対になくなることがありません。これまで届けてきた価値は、時代が変わっても決して色あせることがありません。

だからこそ、今のあなたに自信を持ってください。

かつてあった自信を見失っているのなら、それを取り戻してください。

今のあなたに足りないものがあるとすれば、それは時代に合った仕組みの活用です。何よりも、今ここで、あなたが輝いているという事実に対する認知です。

あなたの強みを待っている人は、この社会に少なからず存在しています。

今はただ、「個」と「個」が結びつく接点がうまくできあがっていないだけなのです。だからこそ、これからしっかりと接点をつくっていくのです。

あなたに自信がなければ、その接点をつくることはできないのです。

3　社員の「個」を大切にし、全員が輝ける会社＝未来を目指す

あなたの会社の「個」を大切にする

自信を取り戻すことで、あなたはあなただけの輝きを示すことができます。

それは、あなたにとってとても幸せなことだといって間違いありません。それによって、仕事もハッピーな状態を迎えることができる。

しかし、そのためには、あなただけが輝いているのでは不十分です。

あなたの会社で懸命に働いてくれる「人財」にもしっかりと目を向けていきましょう。

「人は何のために生きるのか」という問いに対して、多くの偉人たちが「幸せになるため」だと答えています。私も全くそのとおりだと思います。

それはまた、人生の大部分を占める仕事についてもいえるでしょう。

「人は何のために働くのか」、それはもちろん「幸せになるため」です。

すべての社員が幸せに働くことができる会社。

仕事を通じて「なりたい自分」になる=自己実現ができる会社。

この社会において、一番素敵な会社とは、そのような会社であると思っています。規模の大小は、全く関係ありません。

大企業で働いていても、人生の幸せを感じられない人をたくさん知っています。

小さな会社で働きながら、日々幸せを実感している人もたくさん知っています。

すでにお伝えしたとおり、ポジティブな気持ちで働くことができれば、成果は確実に上がります。

だから社員を幸せにするというのは、ちょっと違っているかもしれませんが、すべての社員が「個」として輝く未来は、あなたの会社をさらに高いステージへと運んでくれるはずです。

そのためには、社員と共にあなた自身も成長していくこと=「人財共育」が必要でした。

やるべきことがわかっているから輝ける

いたずらに精神論で追い込まれない。

ただ「数字を上げろ」とだけ言われて、どうやればよいかは教えてもらえない。こう書くと、本当に胸が痛いのですが、これでは社員が輝くことなどできません。成約もできずに会社に戻れば怒鳴りつけられる。延々と罵倒される。恐怖では人が成長しないことに気がつかず、脅した数の分だけ数字が伸びると誤解している。

今のあなたがそのような状態にあるとは申しません。

ですが、あなたの直下の部下である幹部社員はどうでしょうか。

中堅社員の若手に対する接し方はどうでしょうか。

そこには、心配する点など何もないと自信を持って断言することができるでしょうか。あなたに少しでも心配が残っているのだとすれば、今すぐメスを入れていきましょう。

そのような育成方法は、会社にとっては膿でしかないのですから。

社員＝「人財」の成長にとって必要なのは、「見える化」です。

これも繰返しお伝えしてきましたので、詳細は割愛させていただきますが、あなたならではのソリューションを提供していく、そのための手法を標準化し、わかりやすく示すこと。その内容を徹底し、日々改善に努めていくこと。

これを続けることによって、「人財」は間違いなく成長していきます。

ＰＤＣＡサイクルによって「見える化」された仕組みが改善していくことは、あなたにとっても、あなたの会社にとっても、１つの大きな成長であるといえます。

だからこそ、「見える化」によって「人財共育」が成り立つといえるのです。

しかし、「個」の多様性にはしっかりと配慮していく

「人財共育」によって、すべての社員が自信を身につけ、輝きをさらに増していきます。そんな未来を生み出していくことこそが、社長であるあなたに求められているのです。

とはいえ、留意すべき点も少なからず存在します。その代表的な1つが、個々の社員の価値観にしっかりと寄り添っていくことです。

「見える化」とは、あくまでも仕事の進め方についての標準化です。手段の標準化です。それに対して悪しき精神論とは、仕事に臨むマインドの標準化です。目的の標準化です。

価値観が多様化する時代、どのような働き方を望むのかは、社員それぞれの価値観によります。頑張って幹部になりたい社員もいれば、プライベートとのバランスを重視する人もいます。

この違いを尊重できなければ、社員全員の幸せは実現することができません。

だからといって、好き勝手を許せといっているのではありません。

与えられた役割をしっかりと果たして、会社の成果に貢献していく。ここは絶対に譲れません。しかしながら、貢献の仕方については、違いがあってもよいということです。誰もが同じ温度で、同じ熱量で仕事に臨まなくてもよいということです。

これまで、中小建設会社の多くは、社員全員に同じ温度と熱量を求めてきました。

そのことも、会社としての成長が十分には実現できなかった要因の１つであるといえます。

「風の時代」への変化をきっかけに、「個」の価値観が尊重される風土をつくっていきましょう。

社長であるあなたが音頭を取れば、社員は必ずついてきてくれるはずです。

そのためには、まず、あなた自身が多様な部下の想いを受け容れること。

「見える化」に合わせて、あなた自身もさらに成長を見せていきましょう。

４　あなたの輝きによってさらに多くの人を輝かせる

輝いている会社にはよい人が多く集まる

今の仕事をしていて、強く実感していることがあります。

ビジネスにとって大切なのは、人とのつながりであって、自分の周りにどのような人がいるかで、自分の仕事の価値もまた決まってくる。そして、よい人の周りにはどんどんよい人が集まってきて、さらに価値を高めていくことができる。

私も含めて、「個」とは小さな存在であり、できることには限界があります。

しかし、人とのつながりの輪を広げていくことによって、１人では絶対に実現できないことにもしっかりと取り組んでいくことができます。

このつながりをつくることが、社長であるあなたの目指すべき方向性です。

私自身はまだまだ道半ばですが、それでも大切なことには気づいています。

つながりの輪の中心にいる人は、誰もが「個」としてしっかりと輝いています。小さな光でも、その人にしか放つことのできない輝きを周囲に届けています。

その光を浴びることによって、周囲の人たちも輝きを増すことができます。

あなた自身が社長として輝いていれば、そこには多くの社員が集まってきます。そして、あなたが「人財共育」を徹底し、多様な価値観にしっかりと配慮することができれば、集まってきた社員も、あなたと同じように、もしかしたらそれ以上に輝くことができます。

忘れてならないのは、輝きに魅せられて集まってくるのは、輝いている人だという点です。

あなたがポジティブに仕事に取り組めば取り組むほど、よい「人財」があなたの会社に集まり、組織をさらに発展させていってくれます。

この相乗効果を生み出すことができれば、組織は非常に強固なものになっていきます。

よい「人財」だけではなく、よい「顧客」までもが集まる

輝く会社に集まってくるのは、社員＝「人財」だけではありません。

あなたの会社の価値を本当に理解している人。あなただけが提供してくれるソリューションで、自身が抱える課題を解決したいと願っている人、解決できると信じている人。あなた自身もまた、自らの商品やサービスを利用してほしいと思っている人、価値を届けたいと思っている人。

そのような人を、本書では、「理想の顧客」と呼んできました。

あなた自身が輝くことによって、さらには「人財」としての社員がそれぞれに輝くことによって、その光に価値を見出す顧客が必ず集まってきます。

もちろん、顧客が集まることには理由があります。

あなたの会社の商品やサービスを活用することで、自分の抱える課題を解決することができる。そうなれば、顧客自身もまた、今まで以上に輝くことができる。

顧客が受け取る最大の価値とは、自分の輝きが増すところにあります。

だからこそ、数ある輝きの中でも、自分のことを一番に輝かせてくれる。そんな会社の存在を追求し、そこに納得感を見出そうと真剣になっているのです。与えられる探し方から、自ら動いて真に必要なソリューションを追い求める。テクノロジーの進化がそれを可能にしました。

顧客に響くソリューションは、あなたと社員の輝きにかかっています。

確かな成果へとつなげるためにも、Ｗｅｂと「人財共育」をフル活用していきましょう。


よい「顧客」はさらに多くのよい「顧客」を連れてくる

Ｗｅｂと「見える化」。２つの仕組みによって実現するのが、「ファン化」でした。

テクノロジーが届けるあなたの輝きを頼りに、多くの見込客が集まってきます。そのあとは、「見える化」によって確かなスキルを身につけた「人財」がフォローを行っていく。

その結果、購買を決めた見込客は顧客になり、あなたの会社のファンへと成長していく。

このような「ファン化」のプロセスをあなたはすでに理解しています。

ここからさらに意識を広げていくと、次のようなことがわかるはずです。

あなたの価値によって課題を解決できた顧客は、今まで以上の輝きを手に入れた顧客は、その喜びをさらに多くの人と分かち合いたいと願います。自分の周りにいるよい人たちにもあなたの価値を紹介し、同じように輝きを増してほしいと考えます。

その結果、あなたのもとには、さらに多くの顧客が集まることになります。

ファンがファンを呼ぶ。

ファンは、常に新しいファンを連れてくる。

つまり「ファン化」とは、あなたの輝きに価値を見出す人が、あなたが何かをしなくても自然に集まってくる仕組みのことをいうのです。ポジティブなスパイラルが終わることなく新たな顧客を生み出し続けるのです。

その理由は、やはり自分が抱える課題を信頼できるソリューションで解決したいからです。

そうすることで、今まで以上に輝きたいからです。

あなた自身が輝くことによって、社員というレベルを超えて、顧客までもが輝けるようになる。

あなたの価値が確かなものであればあるほど、多くの人が光を求めて集まってくる。

だからこそ、どんな価値を提供できるかが重要になってくるのです。

あなたが何を大切に想い、仕事を通じて何を実現し、どのような形で社会に貢献していくのか。

それを明確に示すことが何よりも大切なのです。

5　だからこそ、きらりと輝くビジョンをつくろう！

輝きを生み出すのはあなたの「心構え」である

あなたが何を大切に想い、仕事を通じて何を実現し、どのような形で社会に貢献していくのか。

それはまさにあなた自身の不変の「心構え」です。

あなたが仕事をする上で大切にしていること。

仕事を通じて、手に入れたり、成し遂げたりしたいと思っていること。

あなたが手に入れた、成し遂げたものが、社会にもプラスの価値を提供すること。

これらは、もはやあなた自身の「あり方」と呼んで差支えないものです。１人の経営者として、ビジネスを通じて社会に貢献していくこと。貢献の仕方は様々であるとして、そのスタンスは常に維持し続けること。

裏を返せば、社会や消費者からいただくだけではいけないということ。

このような「心構え」、「あり方」の経営者には、多くの人が信頼を寄せることができます。

多くの人が信頼を寄せるということは、そこに輝きがあるということです。

あなたの「心構え」や「あり方」が確かなものであれば、その分だけ、あなたの輝きは増し、より多くの人の心を照らすことができます。

確かに、すべてを精神論で片づけることは間違っています。

それでも、精神論がすべて間違っているかというと、それもまた違っています。

ビジネスが人と人との間で行われる以上、そこには必ず心が必要になってきます。心をなくした仕事が、多くの人に価値を提供できるはずなど決してありません。

心とは、まさにあなた自身の「心構え」であり、それを体現しているのが「あり方」です。

あなたの輝きの根底には、あなた自身の心がなければならない、この認識が大切なのです。

「心構え」をビジョンとして示すことにより輝きがさらに増す

すべての基礎となる「心構え」をもとに、ビジョンをつくっていきます。

改めての確認となりますが、ビジョンとは、あなたの「心構え」が、あなたが目指している理想が実現した状態を描いたものです。

何をどれだけ得ることができたら、成し遂げたことになるのか。

何をどれだけ提供することができたら、社会に貢献できたことになるのか。

それらを、具体的なデータなどを活用して、社員だけではなく顧客に対してもわかりやすい形で、明確な表現で示したものをビジョンと呼ぶことができます。

社員や顧客は、あなたの心をのぞき込むことができません。

言葉を耳にすることはできても、そこからすべてをイメージすることはできません。

だからこそ、明確な言葉や数字で語られたビジョンが必要になってくるのです。

「心構え」だけがある状態では、あなた1人が、強くても小さな光を放つにとどまっています。

その状態では、よい「人財」やファンはあなたのもとには決して集まりません。

あなたの心を誰にもわかる形で示すことによって、そこには共感が生まれます。

あなたのビジョンこそが共感を生む装置になるのです。

あなたのビジョンに共感した社員は、成長マインドを持って貴重な「人財」へと育っていきます。

あなたのビジョンに共感した顧客は、より多くの顧客を生み出すファンへと成長していきます。

ビジョンを起点として人が集まることによって、より多くの輝きが重なります。

まさにその重なりを生み出すために、ビジョンをつくっていく必要があるのです。


ビジョンが仕組みと結びつけばきらりと輝くことができる

すでに見てきたように、ビジョン単独では十分な力を発揮することができません。

あなたの想いを成果という形で実現していくためには、時代の変化とともに柔軟に変わっていく3つの仕組み＝「Ｗｅｂ」「見える化」「ファン化」が必要でした。多くのファンが生まれることで、あなただけの力では実現できなかった成果が上げられることを理解しました。

まずはＷｅｂを活用して、あなたのビジョンを多くの人に伝えていきます。

理想の顧客像を具体的にイメージし、提供したい価値＝あなたの会社の強みを明確に示します。そうすることで、見込客に具体的なソリューションのイメージが生まれ、自身の課題解決に向けた関心が育まれることになります。

その関心を、あなたの大切な「人財」が購買へとつなげていきます。

ソリューション営業のスキルをフル活用し、顧客のニーズをすべて把握し切った上で、最適なソリューションについてしっかりと提示していきます。このような対応を可能にするものこそが、「見える化」をベースとした「人財共育」に他なりません。

これら2つの根底には、常にあなたの「心構え」に基づくビジョンがあります。

ビジョンと2つの仕組みがしっかりと結びつくことによって、「ファン化」という第三の仕組みが機能し始めます。「人財」の力を超える部分を「Ｗｅｂ」が担い、さらにその力を超えていくのが「ファン化」です。

こうして3つの仕組みがビジョンとつながることによって、あなたの価値は最大化します。

あなた自身はもちろん、あなたのもとで働くすべての社員、そしてあなたから価値提供を受けたすべての顧客がきらりと輝くことができます。

その輝きを生み出していくことこそが、社長であるあなたの最大の役割なのです。

誰もがきらりと輝くことのできる理想の会社を一緒につくっていきましょう！

●第６章のまとめ●

□「個」が自信を持って輝ける時代

消費者は「個」としての自分の課題を解決したいと考え、会社もまた「個」として、自信を持って解決策＝価値を提供していく。

□ 社員の「個」を大切にし全員が輝ける会社＝未来を目指す

社員が共に輝くことによって、あなたの会社はさらに輝きを増す。異なる価値観に配慮し、誰もが輝ける風土をつくり上げていく。

□ あなたの輝きによってさらに多くの人を輝かせる

よい社長のいる会社にはよい「人財」が集まり、よい顧客＝ファンが育っていく。この循環を築き上げることが重要である。

□ だからこそ、きらりと輝くビジョンをつくろう！

「仕組み」が機能するためにはビジョンが必要であり、ビジョンとは「心構え」を表したものである。輝きの根底には常に心がある。

おわりに

本書を最後までお読みいただき、心から感謝いたします。

あなたの未来に少しでも参考になるところがあったとすれば、本当にうれしく思います。

ご参考までに、私が大切にしていることについて、改めて整理します。

私の会社の創業理念は、「1回きりの人生きらりと輝こう」です。

そして、会社の名前にもある「きらり」とは、次の4つの想いを込めた言葉です。

■自分らしく、やりがいを持って、本気でチャレンジすること。
■常に周りの人に対して愛情、想いやりを持つこと。
■自己実現を通して社会に貢献すること。
■生きた証し（存在価値）を刻むこと。

そんな「心構え」をもとにして、「社会にきらりと光る存在価値企業になる」というビジョンを掲げています。

これらを今後も大切にしながら、しかし、時代の変化には敏感かつ柔軟に対応し、「仕組み」は変えていきながら、できるだけ多くの方々の力になりたいと思っています。

おわりに

生意気で、反抗的で、どこか冷めていて素直に心を開けなかった高校時代。そんな私に深い愛情と情熱で身を削りながら指導してくれた、高校時代のバスケットボール部の旧姓田村智美コーチ。人生において基礎となる大切な「心構え」を教えていただきました。引退した日の最後の日記の返信に、「あなたを見ていると、みにくいアヒルの子が白鳥になって飛び立っていく姿のようだ。これからの人生、自信を持って自分らしくしっかりと前を向いて歩んでいってください。あなたなら大丈夫です」と言葉を残していただきました。

苦しいとき、迷ったとき、何度も何度もその日の日記を読み返しました。そこにあるコーチの言葉（言霊）を目に焼きつけて奮起してきました。コーチとの出逢いが、その後の私の人生に大きく影響しています。

本当に感謝しても感謝しきれません。

自分の可能性を試したくて、大手百貨店を飛び出し、フルコミの世界に身を投じた当時。電気・ガス・水道すべてを止められて、なかなか上手くいかない「辛い」状況の私に声をかけてくださり、「辛い」と「幸せ」とは天と地ほどの差があるが、よく見てみると、文字の違いは、たった一本あるかないかだけ。その一本の差＝「あり方・心構え」を、フルコミッションという仕事を通じて教えていただいた、太陽光発電総合コンサルティング会社の株式会社ビックストリート・森田秋彦代表取締役社長。

「先に心ありき」人は、あり方を変えることで成果が大きく変わる。

本当に、大切な「心構え」を教えていただきました。


フルコミの世界で「個」を磨かせていただいた後、縁あって建設業のベンチャー企業へ転身しました。

当時、プレハブ小屋の事務所で代表に面接をしていただいたときに教えてもらった創業精神に強く共鳴し、また代表の座右の銘である「不可能なんて何もない。すべては自分次第であるから」に心が熱く震えたことを今でも強烈に覚えています。

私の直感に間違いはありませんでした。

本書の内容は、机上の空論ではなく、この会社で私自身がやらせていただいたことでもあります。そんな私にいつもチャレンジさせてくれた、ITコンサルティング会社のITBOOKホールディングス株式会社・前俊守代表取締役社長。

社会人になってから最も影響を受けた、尊敬する経営者のお一人です。前さんと熱く濃厚な10年間を共有させていただいたことは、私の人生の宝物です。

本書のキーワードでもある「不易流行」という言葉。

その「意義」を経営にどのように生かしてきたか、また、今後さらにどう生かしていくべきか。

おわりに

経営者・人生の先輩としていつも教えてくださる、創業137年のエネルギー住生活総合会社、アイエスジー株式会社・石井誠一代表取締役会長兼社長執行役員。

起業した当初から声をかけていただき、世の中の「原理・原則」から最先端のテクノロジーの進化まで、まさに「不易流行」=不変で本質的なものの中にも新しい変化を取り入れることの大切さを、身をもって実践されている石井さんの言葉は、いつも心に響きます。

成果事例でご紹介した、SDGs時代の地盤改良工法「エコジオ工法」の開発元である株式会社尾鍋組・尾鍋哲也代表取締役社長。

不可能を可能にしてきた根底にあるのは、常に前向きで謙虚で素直である「あり方・心構え」にあると思います。

だからこそ、必要なときに必要な方々との奇跡ともいえる「引寄せの出会い」があり、幾多の困難を乗り越えてこられたのだと思います。

そんな私も、尾鍋社長に引き寄せられた1人として、この事業に関わらせていただいていることに感謝いたします。

エコジオ事業は、今やっとそのスタートラインに立ちました。これから全国の施工代理店の方々と力を合わせて社会課題解決に向けて一翼を担っていきます。

そして、自分を見つめるために訪れた屋久島で偶然出会い、「風の時代」の話から変わることへのきっかけをくれた、名前さえ知らない精神科の女医の方。今思えばこの出会いも必然だったのだと思います。

「袖振り合うも多生の縁」。すべての出会いには、何らかの意味があるということです。

起業したときに掲げた行動目標の中で、唯一達成していなかった書籍の出版。時間はかかりましたが、ありがたいご縁によって何とか完成させることができました。何よりこのタイミングで出版できたことに「意義」があると感じています。

本書を企画する段階からたくさんのアドバイスをいただき、出版の実現までコーディネートしていただきました、株式会社アレルドの細谷知司社長にも感謝を申し上げます。本当にありがとうございます。

最後に、愛情一杯に育ててくれた両親と、どんなときも応援してくれる姉、妹。そして、愛する家族に感謝します。

また、私に関わってくれたすべての方々にも深く感謝します。

「人は人によりて人となる」。

人は、どんな人に出会うかで人生が大きく変わるという意味です。
私は、本当についていると思います。こんな素晴らしい方々に出会えたのですから。
風の時代に乗って、自分らしく、1度きりの人生を共にきらりと輝かせましょう。

中村　正則

著者略歴

中村　正則（なかむら　まさのり）

きらりソリューションズ株式会社　代表取締役。

1967年生まれ。茨城県日立市十王町出身。

大学卒業後、大手百貨店に就職。その後、自分の可能性を試すべく、フルコミッションの世界に身を投じる。4年間でトップクラスへ上り詰めた後、縁あって2001年に建設会社へ就職。取締役事業本部長として、ゼロから立ち上げた企業をわずか5年でジャスダック上場へと結びつけるなど、数々の功績を残す。

2010年に独立し、現在のきらりソリューションズ株式会社を設立。

建設業界に特化した営業支援をベースに、日本全国を飛び回っている。

泥臭い営業現場で自らが実践し、成果を出してきたリアルな体験・事例をもとに、常に現場目線で行う営業支援の手法には多くの支持が寄せられており、全国からコンサルティングの依頼が止まない。

また、企業研修講師としても多くの登壇実績を持っており、若者の心に火をつける熱い語り口には特に定評がある。

社長の「心構え」と「仕組み」づくりの本
—変革を成果へとつなげる４つのヒント

2021年12月7日 初版発行

著　者　中村　正則　© Masanori Nakamura

発行人　森　　忠順

発行所　株式会社 セルバ出版

〒113-0034

東京都文京区湯島1丁目12番6号 高関ビル5B

☎ 03（5812）1178　FAX 03（5812）1188

http://www.seluba.co.jp/

発　売　株式会社 三省堂書店／創英社

〒101-0051

東京都千代田区神田神保町1丁目1番地

☎ 03（3291）2295　FAX 03（3292）7687

印刷・製本　株式会社 丸井工文社

Printed in JAPAN

ISBN 978-4-86367-708-1